Llythyrau at Seimon Glyn

Hoffai'r Lolfa ddiolch i'r llythyrwyr
am eu cydweithrediad parod

Argraffiad cyntaf: 2001

Hawlfraint Y Lolfa Cyf., 2001

Cyhoeddwyd dan gynllun Comisiynu Cyngor Llyfrau Cymru

Rhif Llyfr Rhyngwladol: 0 86243 596 x

Cyhoeddwyd yng Nghymru
ac argraffwyd ar bapur di-asid a rhannol eilgylch
gan Y Lolfa Cyf., Talybont, Ceredigion SY24 5AP
e-bost ylolfa@ylolfa.com
y we www.ylolfa.com
ffôn (01970) 832 304
ffacs 832 782
isdn 832 813

Llythyrau at
Seimon
Glyn

Simon Brooks (gol.)

y **Lolfa**

cyflwynedig mewn gobaith i'm plant,
Gweno, Guto a Catrin,
a'u cenhedlaeth

SG

Cynnwys

Cyflwyniad

Simon Brooks

Mae Seimon Glyn yn arwr. Dyna un o'r pethau sy'n cael ei ddweud yn y casgliad unigryw yma o lythyrau at y Cynghorydd 'dadleuol' o Ben Llŷn. Ac mae'n ymadrodd dwi wedi ei glywed mewn llefydd eraill hefyd: mewn tafarnau yn bennaf, ond hefyd ar y radio, ac unwaith, yn gofiadwy iawn, mewn cyfarfod cyhoeddus ym Mynytho.

Ond beth felly sy'n gwneud arwr? Yn y lle cyntaf, dyw bod yn 'arwr' ddim yn fater o fod yn hoffus, yn fwy nag yw bod yn foesol yn golygu bod yn neis. Mi fedr arwriaeth arwain at onestrwydd yn aml iawn, ac mae gonestrwydd wastad yn dramgwyddus i unigolion nad ydynt am glywed y gwir. Dyna pam, mae'n debyg, fod yna unigolion sy'n gryf o blaid Seimon Glyn, a phobl eraill sydd yn angerddol yn ei erbyn. Mae Seimon Glyn wedi peri i bobl benderfynu a ydyn nhw o blaid parhad ein cymunedau Cymraeg ai peidio, ac mae gwneud hynny wedi bod yn anodd i rai; yn enwedig felly Plaid Cymru.

Arwr ydy rhywun sydd wedi cyflawni gweithred o ddewrder neilltuol, ac sydd wedi'i gosbi ac wedi dioddef o'r herwydd. Arwr ydy rhywun sydd wedi gwneud safiad moesol a chyfiawn, safiad nad oedd pobl eraill yn barod i'w wneud. Yn fwy na dim, arwr ydy unigolyn sydd wedi ateb gofynion dyfnaf ei bobl ar adeg o argyfwng.

Efallai fod cyfweliad radio yn ymddangos fel ffordd ychydig yn anarwrol o fod yn arwr, ond yn y cyfweliad hwnnw dywedodd Seimon Glyn bethau nad oedd neb arall yn y mudiad cenedlaethol yn barod i'w dweud, ac fel canlyniad mae wedi cael

7

effaith wleidyddol nad oes neb arall yn y mudiad cenedlaethol wedi ei gael. Dywedodd fod diwylliant cynhenid Cymru o dan fygythiad oherwydd nad oedd mewnfudwyr o Saeson yn barod i ddysgu Cymraeg, honnodd fod y Saesneg yn iaith estron ym Mhen Llŷn, a mynnodd y dylai pobl ifanc leol gael blaenoriaeth yn y maes tai dros bensiynwyr o Loegr. Fel canlyniad, cafodd ei ddifrïo.

Daeth holl hanes Seimon Glyn bellach yn dipyn o *cause célèbre* yn y Gymru Gymraeg. Mae'r llythyrau hyn yn tystio i hynny. *Cause célèbre* am ein bod yn trafod gwleidydd a wnaeth nifer o osodiadau gwrth-hiliol – sef pwysleisio'r hawl foesol sydd gan ddiwylliant ac iaith leiafrifol i oroesi yn wyneb dihidrwydd mwyafrif – ond a gyhuddwyd ei hun gan y Sefydliad o fod yn hiliol. Dywedwyd am Seimon Glyn nid yn unig bethau sydd yn gwyro oddi wrth y gwir, ond pethau sy'n groes i'r gwir. Y gwir go-iawn yw mai Seimon Glyn yw'r ymgyrchydd gorau dros wrth-hiliaeth a chydraddoldeb yng Nghymru. Ond fe'i condemniwyd gan ffug-ymgyrchwyr dros gydraddoldeb – oddi mewn i'r Blaid Lafur, y wasg brint Saesneg, a'r *Commission for Racial Equality* yn bennaf; ond gyda chefnogaeth dawel ambell unigolyn ym Mhlaid Cymru hefyd. Y ffug-ymgyrchwyr hyn sy'n defnyddio dadleuon am 'gydraddoldeb' i gyfiawnhau eu cefnogaeth i ledaeniad yr iaith Saesneg, ac i gelu'r ffaith mai eu gwir nod yw difa'r Cymry Cymraeg fel pobl.

Mae holl hanes a throeon 'achos Seimon Glyn' yn atgoffa rhywun o achos enwog tebyg a ddigwyddodd mewn gwlad arall ychydig dros ganrif yn ôl. Yn 'achos Albert Dreyfus', *l'affaire Dreyfus*, cyhuddwyd swyddog milwrol ym myddin Ffrainc ar gam o deyrnfradwriaeth, ac o werthu dogfennau cyfrinachol i'r Almaen. Ffugiwyd tystiolaeth yn ei erbyn, pardduwyd ei gymeriad, ac aeth yr helynt yn frwydr rhwng gwahanol bleidiau

Ffrainc. Digwyddodd hyn am fod Dreyfus yn hannu o Alsatia, ardal ffiniol o Ffrainc sydd yn meddu ar ddiwylliant ychydig yn wahanol i weddill y wlad, ac am ei fod yn Iddew. Fel canlyniad, manteisiodd elfennau mewn cymdeithas Ffrengig ar y ffrae i ledu gwenwyn gwrth-semitaidd, ac i ddadlau na allai lleiafrif fel yr Iddewon fyth fod yn deyrngar i genedl-wladwriaeth Ffrainc.

Wrth i hyn i gyd fynd rhagddo, rhoddwyd Dreyfus ar brawf a'i garcharu am oes. Ni chafodd ei ryddhau am sawl blwyddyn, nes y datgelwyd fod rhai o swyddogion y fyddin wedi ffugio tystiolaeth yn ei erbyn. Bu *l'affaire Dreyfus* yn fodd i ddarbwyllo sawl Iddew mai tynged yr Iddewon yng nghymdeithas sifil 'soffistigedig' gorllewin a chanol Ewrop fyddai cael eu bwlio gan y mwyafrif yn ddi-baid, a pheidio â chael eu derbyn yn gyflawn aelodau o gymdeithas. Arweiniodd hyn at sefydlu'r mudiad Seionistaidd Ewropeaidd a ddadleuai fod yn rhaid i leiafrif fel yr Iddewon ei amddiffyn ei hun a chael hyd i ddarn o dir lle y gallai fyw fel y mwyafrif.

Mae'r cymariaethau ag achos Seimon Glyn yn rhyfeddol. Fel Albert Dreyfus, bu Seimon Glyn yn weithiwr diflino a chydwybodol dros ei gredoau ei hun nes i gynllwyn gael ei drefnu yn ei erbyn. Roedd modd i'r cynllwyn hwnnw gael ei baratoi am fod Seimon Glyn, fel Dreyfus, yn hanu o leiafrif, ac am fod ei ardal enedigol, Pen Llŷn, fel ardal enedigol Dreyfus yntau, yn ddigon gwahanol ei diwylliant i ddiwylliant gweddill y wlad i bobl fod yn amheus ohoni. Troes y cynllwyn yn erbyn Seimon Glyn yn ymdrech fawr gan sefydliad gwleidyddol Cymru i ddinistrio enw da un unigolyn er mwyn rhoi'r Cymry Cymraeg 'yn eu lle'. Honnodd pleidwyr y cynllwyn iddynt ymosod ar hiliaeth, er eu bod mewn gwirionedd ynghlwm wrth hiliaeth eu hunain, hiliaeth wrth-Gymraeg y wladwriaeth Brydeinig. Yn union fel y cafodd Dreyfus ei gondemnio gan y wladwriaeth

Ffrengig am fod yn annheryngar i'w diwylliant hi, felly hefyd y condemniwyd Seimon Glyn am fynnu fod gan ei leiafrif yntau yr hawl i'w barhad.

I nifer arwyddocaol o fewn y gymuned Iddewig yn Ewrop aeth *l'affaire Dreyfus* yn brawf digamsyniol fod syniadaeth 'barchus' a 'gwâr' y gymdeithas sifil orllewinol yn cuddio haen ddwfn o ragfarn yn eu herbyn. Effaith debyg gafodd 'achos Seimon Glyn' ar y gymuned Gymraeg ei hiaith yng Nghymru. Wedi degawdau o deyrngarwch gan y Cymry Cymraeg i'r syniad o wladwriaeth Gymreig a chymdeithas sifil Gymreig, daeth yn amlwg fod yr egin-wladwriaeth honno â'i bryd ar ganiatáu i ddiwylliant Cymraeg Cymru gael ei ddinistrio'n llwyr. Ac er ei bod yn rhy gynnar i ddweud beth fydd pen draw yr arwyddion calonogol diweddar fod y Cymry Cymraeg yn barod i sefyll i fyny ac amddiffyn eu hunain, mae'n siwr na fydd pethau byth yr un fath eto yng Nghymru. Dangosodd hilgwn yn y Blaid Lafur, y wasg Saesneg a'r *Commission for Racial Equality* eu dannedd ac ymosod ar leiafrif, a phenderfynodd y lleiafrif hwnnw nad oedd yn barod i oddef rhagor o sen.

Plannodd *l'affaire Dreyfus* hedyn ymhlith Iddewon nad oedd rhaid iddynt fod yn ddinasyddion eilradd a gwatwaredig, ac fe aethant ati i ddatblygu a choleddu gweledigaeth o ddiwylliant Iddewig modern a chyffrous. Ac felly hefyd ymhlith y Cymry Cymraeg, mae 'achos Seimon Glyn' wedi bod yn fodd inni glirio ein meddyliau a gweld o'r newydd fod gennym hawl gyfartal â Saeson Ynys Prydain i weld ein diwylliant yn ffynnu mewn cymunedau lle ffurfiwn y mwyafrif.

Nid yw Seimon Glyn yn berffaith, wrth gwrs, ac y mae, fel pawb, yn euog o feddu ar bersonoliaeth ddiddorol ac o wneud camgymeriadau. Ond nid yw hynny'n newid y ffaith ganolog fod y dyn arbennig yma wedi cyflawni swyddogaeth arwrol ar ran ei bobl ei hun. Mae'r llythyrau sydd yn y casgliad hwn yn tystio i hynny tro ar ôl tro.

'Diolch', meddai'r llythyrwyr, 'diolch am sefyll trosom', 'diolch am wneud safiad', 'diolch o waelod fy nghalon am eich gonestrwydd', 'diolch am siarad dros bawb sydd yn Gymraeg', 'diolch i chi am sefyll mor gadarn', 'diolch o galon am eich safiad pwysig', 'mae'r ddau ohonom yn teimlo ar ein calonnau y dylem ysgrifennu atat i ddiolch iti am dy ddatganiad diweddar.'

Pam fod y bobl hyn yn diolch i Seimon Glyn?

Mae rhai yn diolch am eu bod yn genedlaetholwyr iaith, rhai eraill yn diolch am iddo roi pwnc y cymunedau Cymraeg yn ôl ar yr agenda wleidyddol, rhai oherwydd edmygedd personol. Mae yna lythyrau yn y casgliad gan Gymry ifainc sydd wedi wynebu anawsterau wrth brynu tŷ, a rhai gan bobl sy'n cydymdeimlo â hwy ac yn berwi gyda dicter at annhegwch cymdeithasol. Mae yna lythyrau gan bobl mewn oed sydd wedi gweld eu hardaloedd yn mynd o fod yn uniaith Gymraeg i fod yn uniaith Saesneg yn ystod eu hoes eu hunain; a llythyrau gan bobl iau sydd wedi gweld y newid hwnnw yn digwydd mewn ychydig flynyddoedd. Mae yna lawer iawn o lythyrau gan frodorion Gwynedd a'i chyffiniau, a rhai gan Gymry di-Gymraeg yn mynegi cydymdeimlad â'u cyd-Gymry yn 'y gogledd'. Mae yna lythyrau gan Saeson, gan fewnfudwyr sydd wedi dysgu Cymraeg, a rhai gan blant i rai o'r mewnfudwyr hynny. Mae yna lythyrau gan Gymry dosbarth gweithiol a Chymry dosbarth canol, llythyrau gan unigolion adnabyddus ac, yn bennaf oll, gan bobl gyffredin.

Beth sydd gan y llythyrwyr hyn i'w ddweud?

Eu prif neges yw fod yr ardaloedd hynny o Gymru y bu bywyd yn cael ei fyw ynddyn nhw trwy gyfrwng y Gymraeg ers 1,500 o flynyddoedd mewn perygl dybryd o beidio â bod. Gwyddant nad oes ots gan y system wleidyddol fod hyn yn digwydd. Yn waeth na hynny, daw'n amlwg, nid yn unig nad oes ots gan y gwleidyddion fod yr ardaloedd Cymraeg o dan warchae, ond bod rhai yn cynllwynio er mwyn i hynny ddigwydd. Gyda chymunedau, iaith a ffordd-o-fyw wrth ymyl y dibyn, penderfyniad y system wleidyddol, a'r pleidiau gwleidyddol, yw rhoi sêl bendith ar yr hyn sy'n digwydd.

Mynegir y teimlad hwnnw o ddiymadferthedd orau gan lythyrwraig o Nefyn, a fynnodd ysgrifennu yn Saesneg fel y gallai Seimon Glyn ddangos ei llythyr i'w wrthwynebwyr.

Mr Glyn, you may have made a few people uncomfortable, but you should make no apology for this as you speak for many of us who have no voice.

Ie, pobl heb lais ydy'r Cymry Cymraeg ar hyn o bryd, gyda fawr o neb yn siarad ar ein rhan, a neb yn rhoi mynegiant i'n gofidiau. O holl gymwynasau Seimon Glyn, gadael i bobl gyffredin siarad allan ydy'r un amlycaf. A gadael i bobl siarad allan oedd ein nod ni hefyd wrth gynnull y llythyrau hyn ynghyd.

Mae hanes cyhoeddi'r llyfr hwn yn un diddorol. Ymwelais â Seimon Glyn yn ôl ym mis Chwefror ac fe drosglwyddodd tua chant a hanner o lythyrau i'm meddiant. Ar y ffordd yn ôl i Aberystwyth, galwais ar Robat Gruffudd yn Y Lolfa, a gadael y bwndel gydag ef dros nos. Drannoeth fe ddychwelais i Dal-y-bont, a chytunwyd y dylid cyhoeddi cyfrol o'r llythyrau hyn.

Ond nid oedd pawb mor frwdfrydig i weld y casgliad yn cael ei gyhoeddi. Yn fuan iawn, aeth y si am y bwriad i gyhoeddi'r gyfrol hon trwy rengoedd cenedlaetholwyr Ceredigion, ac yna trwy rengoedd y Blaid. Fel canlyniad, bûm yn trafod gyda dau A.C. Plaid Cymru, a gofynnwyd imi beidio â chyhoeddi'r llyfr nes bod yr Etholiad Cyffredinol ar ben, rhag ofn i hyn beri niwed i ymgyrch y Blaid yn yr ardaloedd Cymraeg. Trafodais y mater gyda Seimon Glyn, ac ar ei gais yntau y penderfynwyd dal y llyfr yn ôl tan Eisteddfod Dinbych.

Dros y misoedd diwethaf, rydym wedi clywed llawer am y modd y mae Seimon Glyn wedi 'porthi gelynion Plaid Cymru'. Nid ydym wedi clywed gair am y ffaith iddo gadw ei addewid i beidio â sôn am y mewnlifiad yn ystod ymgyrch yr Etholiad Cyffredinol. Er tegwch, mae'n bwysig fod ei deyrngarwch i'r Blaid yn hyn o beth yn cael ei nodi. Mae amseriad y llyfr yma'n rhan o'r deyrngarwch honno.

Ond rhaid cyfuno teyrngarwch bleidiol â brwdfrydedd i gadw pwnc y mewnfudo ar frig yr agenda wleidyddol. Bu 'achos Seimon Glyn', a'r ymateb iddo, yn drobwynt pwysig yn ein hanes, a phrofodd y tu hwnt i unrhyw amheuaeth nad gwlad o laeth a mêl yw Cymru wedi dyfodiad y Cynulliad Cenedlaethol.

Gan hynny, ni fydd gennym ddewis ond ymdrefnu mewn ffordd synhwyrol a chymryd ein dyfodol gwleidyddol i'n dwylo ein hunain. Ein dyletswydd dros y blynyddoedd nesaf fydd ymgyrchu, gwleidydda a phwyso am bolisïau a fydd yn ateb yr argyfwng. Os methwn ni, fe fydd 1,500 o flynyddoedd o ddiriogaeth ieithyddol Gymraeg yn dod i ben. Gosodwyd cyfrifoldeb ofnadwy ar ein hysgwyddau, a bydd angen dewrder a dygnwch arnom ni wrth wynebu'r gwaith.

Mewn argyfwng, mae'n well bod yn onest. Y tebygrwydd hanesyddol yw y methwn yn y dasg sydd o'n blaenau, ac ni fydd pobl o'r un iaith ac anian â ni ar y tir hwn ymhen can mlynedd. Ond, serch hynny, mae'n rhaid inni fynd ymlaen. Mae hanes yn llawn enghreifftiau o bobloedd a frwydrodd ar yr awr dduaf ac a lwyddodd, yn wyneb pob anfantais, i oroesi. Ni wyddai'r bobl hyn a wynebent ddyfodol neu ddifodiant, ond brwydro a wnaethant. Yn hyn o beth dylem fabwysiadu'r rhigwm Eidaleg enwog – 'Optimistiaeth yr ewyllys, Pesimistiaeth y deall,' – rhigwm sydd yn haeru y dylid bob tro dehongli sefyllfa yn onest, ond na ddylid, hyd yn oed os yw'r rhifyddiaeth yn ein herbyn, roi heibio i frwydro.

Pobl ddi-rym o dan ormes ofnadwy yw'r Cymry Cymraeg. Bydd y gwaith o newid hynny yn anodd. Ond ni ddylem byth anghofio fod gan bob pobl, pob grŵp ethnig, pob grŵp ieithyddol, pob grŵp cenedligol, un hawl gwbl sylfaenol na ellid byth mo'i gwadu na'i ffeirio – yr hawl i oroesi. O safbwynt moesol, nid oes ots os yw y Saeson yn cydnabod hyn ai peidio.

Mae gan gymunedau Cymraeg yr hawl foesol i oroesi. Mae gan gymunedau Cymraeg yr hawl foesol *absoliwt* i oroesi.

Gadewch inni gofio hynny yn ystod y misoedd a'r blynyddoedd nesaf.

Dal dy Dir

Seimon Glyn

Fe'm ganwyd a'm magwyd ym mhentref Nefyn ym Mhen Llŷn yn ystod diwedd y 50au. Tyfais i fyny mewn amgylchedd cwbl Gymraeg, a'r unig Saesneg a glywais i yn ystod fy mlynyddoedd cynnar oedd ar y teledu. Pentref bychan iawn oedd Nefyn ar ddechrau'r 60au – a sôn am le difyr i dyfu fyny ynddo. Fel plant roeddem yn adnabod pob modfedd o'r fro. Gwyddem sut i ddwyn cocia felfed o bwll William heb gael ein dal. Gwyddem sut i ddal nadroedd yn Tincoed, sut i ddal sliwod ar 'Rallt Felin, sut i ddal pysgod coch yn afon Bryn Mynach, sut i fynd i mewn i'r cae syrcas a'r pictiwrs heb dalu, a gwyddem yn union pwy oedd y bobl a fyddai'n gwylltio fwyaf wrth chwarae 'noc dôrs'. Roedd yr haul yn tywynnu bob dydd o'r flwyddyn, pawb yn mynd i'r capel ar wahân i Dic Dybl Dutch, a neb hyd y gwn i yn mynd i'r dafarn. Roedd pawb yn 'nabod ei gilydd a phawb bron yn perthyn i'w gilydd.

Teulu Sgwers oeddan ni. Yn ôl yr hanes fe ymfudodd hen daid i mi, George Squires, i Nefyn o Gaerlŷr flynyddoedd yn ôl i chwilio am waith yn chwarel ithfaen y Gwylwyr. Sais oedd George Squires (buan iawn yr aeth y *Squires* yn *Sgwers* ar lafar gwlad), a bu'n byw ymysg y pentrefwyr am yn agos i dri mis cyn yr oedd yn medru siarad Cymraeg yn iawn. Cafodd ei droi'n siaradwr Cymraeg am nad oedd modd i'r pentrefwyr ac yntau gyfathrebu. Cafodd ei gymhathu yn Gymro am na wyddai neb sut i siarad Saesneg. Cafodd ei ystyried yn un ohonom ni am mai dim ond y fo ddaeth i'r pentref bryd hynny. Mater gwahanol yw hi erbyn heddiw.

Ond, a minnau ond yn 6 oed, daeth tro ysgytwol ar fyd. Bu rhaid i mi fynd i Ysbyty Gobowen gyda phoen yn fy nghlun, ac yno yr arhosais nes yr oeddwn yn 10 oed. Wrth gwrs, ar y cychwyn, doedd dim crap ar yr iaith fain gen i o gwbl, ond o dipyn i beth deuthum yn rhugl. Cefais fy addysg trwy gyfrwng y Saesneg, ac ymhen y flwyddyn roeddwn yn croesawu 'Nhad a Mam gyda llond ceg o Saesneg acen Sir Amwythig pan fyddent yn galw i'm gweld ar eu hymweliad wythnosol. Tra yn Ysbyty Gobowen byddai Mam yn sôn wrthyf am yr helyntion adref, a byddwn yn cael blas ar unrhyw straeon am yr arwisgiad neu am foddi Tryweryn. Byddwn mewn penbleth yn ceisio gwneud synnwyr o bethau mor wirion. Pam fod Cymru eisiau Sais yn dywysog? Pam nad oedd neb rownd Nefyn yn ffansïo'r job? Pam hefyd fod pobl Lerpwl isio boddi pobl Bala er mwyn i bawb yn Lerpwl gael bath yn tŷ, yn lle berwi dŵr ar y tân a molchi y tu allan mewn celwr fatha ni?

Dychwelais i Nefyn o Gobowen yn 1970 gyda Carlo ar ei orseddfainc yng Nghymru. Tra'n gyrru adra stopiodd fy nhad y car ger Tryweryn er mwyn i mi gael gweld Capel Celyn dan y dŵr. Cofiaf i mi deimlo ofn mawr ar y pryd. Ofn y byddai pobl Lerpwl yn boddi Nefyn!

Wedi cyrraedd adref (yn Sais rhonc ac wedi colli'r arfer o siarad Cymraeg) y peth cyntaf oedd rhaid i Benwaig Nefyn ei wneud oedd ail-ddysgu Cymraeg imi. Llwyddais i newid yn ôl o fewn ychydig wythnosau (yn gynt na 'nhaid George Sgwers), ond roeddwn yn ystyried yn aml pa mor hawdd oedd cael fy nhroi o fod yn siaradwr Cymraeg i fod yn ddi-Gymraeg. Dechreuais feddwl o ddifri am gyflwr bregus yr iaith Gymraeg, ac o dipyn i beth yr oeddwn yn teimlo fy hun yn mynd yn fwy tanbaid dros Gymreictod, dros fy ngwlad a thros yr hawl i fyw fy mywyd yn Gymraeg. Roedd fy nheulu yn genedlaetholwyr beth bynnag, a byddai Mam yn dweud yn aml wrthyf ein bod ni 'cystal bob tamaid ag unrhyw un – a chofia di ddysgu Saesneg cystal â'r Sais hefyd, er mwyn i ti gael bod yn well na fo am na 'mond un iaith ma' Sais yn wybod.'

Pan ddaeth etholiad '73, a minnau yn 13 oed, roeddwn ar dân dros Blaid Cymru a gwisgwn fathodyn melyn Dafydd Wigley gydag arddeliad. Roedd Dafydd Wigley yn gymaint o arwr i mi nes imi ymaelodi â'r Blaid. Yn ystod yr wythnosau oedd yn arwain at yr etholiad roedd Mam yn helpu'r gangen leol trwy fod yn gydlynydd lleol, a byddai ein tŷ ni yn fwrlwm gwyllt o weithgaredd gyda swyddogion a gwirfoddolwyr y Blaid yn gollwng y peth yma ac yn nôl y peth arall acw o fore gwyn tan nos. Pob gyda'r nos ar ôl ysgol byddwn innau yn cydied mewn llond dyrnaid o ffurflenni ymaelodi gan fynd o ddrws i ddrws drwy strydoedd Nefyn yn hel aelodau newydd. Dwi'm yn cofio faint o aelodau a gasglais i, ond cofiaf ei bod yn orchwyl pleserus gyda bron pawb yn fwy na pharod i ymaelodi. Roedd sawl swllltyn neu hanner coron yng nghledr fy llaw gan ambell i hen wreigan – 'ynda hwn er mwyn iti ga'l mynd i'r pictiwrs am dy fod 'di bod yn sâl' – yn dderbyniol iawn hefyd.

Ac yna'r canlyniad. Buddugoliaeth i Dafydd Wigley! Plaid Cymru yn cipio Arfon! Roeddwn yng nghanol y dorf yng Nghaernarfon yn wylo mewn llawenydd. Roedd y balchder o fod yn Gymro y noson honno yn gryfach na fu erioed – cyn hynny na wedyn. Yna, ar doriad y wawr, troi am adref. Roedd pethau am fod yn well rŵan meddwn i wrthyf fy hun. Rydym i gyd wedi sefyll fel un dros ein Cymreictod. Dros ein hawl i oresgyn. Chaiff neb foddi Nefyn!

Ond roedd y tywydd eisoes wedi troi. Tra roeddwn i a gweddill y dyrfa yn gorfoleddu yng Nghaernarfon, roedd eraill wrthi'n brysur yn dinistrio ein byd bach ni trwy gymeradwyo cannoedd o geisiadau cynllunio ar hyd a lled Pen Llŷn. Ceisiadau am 800 o dai ym Morfa Bychan, dros 200 o dai yn

Cae Du, Abersoch, a channoedd eraill yn Nefyn a llefydd eraill trwy Lŷn. Tai cwbl ddiangen. Tai, nid ar gyfer diwallu angen lleol, ond ar gyfer marchnad cwbl newydd – mewnfudwyr!

Pan oeddwn yn fy arddegau y gwelais effaith yr adeiladu ar y gymuned. Gwelais y twf yn Nefyn. Stadau mawr Bro Gwylwyr a Hobwr ym ymestyn ffiniau'r pentref yn sylweddol. Gyda'r ehangu daeth yr estroniaid. Ychydig ar y tro i ddechrau. Cyn lleied a dweud y gwir nes eu bod yn cael eu llyncu fel George Sgwers gynt. Ond...

Erbyn diwedd y 70au a dechrau'r 80au, a minnau yn fy ugeiniau cynnar, roedd mwy o dai o lawer nag oedd eu hangen yn ein pentrefi. Roeddwn yn dilyn ymgyrchoedd megis Dim Ehangu Coleg Bangor, ymgyrch Gwynfor i gael Teledu Cymru i Bobl Cymru, a bu llawer o ddiddordeb a chefnogaeth gennyf i'r ymgyrch yn erbyn tai haf.

Daeth Thatcher yn brifweinidog gan wthio'i hathroniaeth marchnad rydd. Yn fuan wedi hynny dechreuodd y diferion droi'n llif, ac erbyn canol yr 80au roedd y llifddorau wedi eu hagor. Yng ngoleuni'r argyfwng adeg hynny penderfynodd cynghorwyr doeth Dwyfor (Dwyfor – angor yr iaith) mai'r ffordd i achub y sefyllfa fyddai datblygu marina enfawr ym Mhwllheli. Marina ar gyfer cannoedd o gychod hamdden.

Erbyn hynny, a minnau'n briod gyda thri o blant, mynnais herio'r cynghorwyr hynny oedd mor barod i aberthu fy etifeddiaeth i ar allor '... y golud economaidd a fyddai yn anochel yn dilyn datblygiad o'r fath'. Rwy'n cofio protestio tu allan i Siambr y Cyngor ym Mhwllheli gan ymbil ar yr aelodau i wrthwynebu'r cais. Un a oedd o blaid y Marina oedd fy nghynghorydd lleol. Awgrymodd y gallwn sefyll yn ei erbyn os oeddwn yn teimlo nad oedd yn fy nghynrychioli. Derbyniais y sialens ac etholwyd fi'n gynghorydd dros Nefyn yn yr etholiad nesaf.

Yn fuan wedi fy ethol daeth yn amlwg i mi mai'r ffordd orau i geisio amddiffyn fy nhreftadaeth a dylanwadu ar faterion 'gwleidyddol' llywodraeth leol fyddai fel aelod o'r Pwyllgor Tai. O fewn dwy flynedd wedi fy ethol yn gynghorydd cefais y fraint o gael fy ethol gan fy nghyd-gynghorwyr yn Gadeirydd ar y pwyllgor hwnnw. Fel Cadeirydd roeddwn yn dragwyddol yn herio polisïau tai, gan fod y rhan fwyaf ohonynt wedi eu creu ar batrwm anghenion tai dinasoedd. Roeddwn yn dadlau dros anghenion cefn gwlad gyda swyddogion y cwango Tai Cymru – ac ychydig iawn o gydymdeimlad oedd ganddynt tuag at iaith a diwylliant. Serch hynny, gyda chefnogaeth frwd a di-wyro fy nghyd-aelodau ar y Pwyllgor Tai, llwyddodd Cyngor Dosbarth Dwyfor i gychwyn gweithredu cynllun rhan-berchnogaeth. Cynllun a alluogodd i ddegau o bobl ifanc y dosbarth i brynu eu cartrefi eu hunain – tai na fyddai'n bosib iddynt allu eu fforddio fel arall. Yn eironig iawn, mae llawer o argymhellion tasglu diweddar Plaid Cymru dan arweiniad Dafydd Wigley wedi eu cymeradwyo gan bwyllgor tai Cyngor Dwyfor bron i 10 mlynedd yn ôl bellach; ac fel Cadeirydd y cyn-bwyllgor hwnnw a'r pwyllgor tai newydd ar Gyngor Gwynedd, galwais nifer o weithiau am weithredu'r union argymhellion yma. Yn anffodus, ni wrandawodd fawr o neb arnaf nes i mi godi fy llais eto ar ddechrau'r flwyddyn hon.

Gorfodwyd fi i wneud rhywbeth pan gyflwynodd swyddogion cynllunio'r Cyngor adroddiad i bwyllgor cynllunio rhanbarth Dwyfor o Gyngor Gwynedd. Roedd yr adroddiad yn dangos fod dros 30% o dai a werthwyd yng Ngwynedd yn ystod y flwyddyn 1999 wedi eu prynu gan bobl o'r tu allan i'r sir. Fodd bynnag, o edrych yn fwy manwl ar y dystiolaeth, roedd y sefyllfa yn waeth mewn rhai ardaloedd na'i gilydd. Roedd y sefyllfa mewn trefi fel Pwllheli yn dangos mai canran isel iawn o bobl oddi allan i'r sir oedd yn symud yno – ond mater gwahanol iawn oedd hi mewn mannau eraill. Yn fy etholaeth i, Tudweiliog, dangosai'r adroddiad fod hyd at 90% o'r tai a oedd ar werth yn yr ardal wedi eu prynu gan estroniaid.

Yn syml, roedd yna ddigon o dystiolaeth fod prisiau tai yn cael eu gosod i adlewyrchu cyflwr goludog yr economi yn Lloegr ac eu bod ymhell tu hwnt i gyrraedd ein pobl leol. Roedd yn amlwg na fyddai modd cynnal ein Cymreictod yn hir iawn oni fyddai'r patrwm hwn yn cael ei wyrdroi – a hynny'n fuan.

Rhaid cyfaddef fod yr adroddiad wedi fy ysgwyd yn hegr iawn. Ni allwn feddwl am ddim arall am ddyddiau wedi ei ddarllen, a phenderfynais y byddai rhaid gwneud rhywbeth. Roedd rhaid gweithredu – ond sut? Bûm yn pendroni'n hir sut oedd mynd i'r afael â sefyllfa lle roedd pris tai ymhell tu hwnt i gyrraedd pobl leol Llŷn. Tra'r oeddwn i yn meddwl am ddim arall ond mewnlifiad, roedd yn ymddangos i mi ar y pryd mai'r broblem yma oedd y peth diwethaf oedd ar feddwl pawb arall o'm cwmpas. Wedi ystyried gwahanol ddewisiadau, deuthum i'r casgliad mai'r ffordd orau i ddwyn y mater i sylw'r cyhoedd ac i godi ymwybyddiaeth o faint y broblem oedd trwy fanteisio ar fy swydd fel cynghorydd a Chadeirydd Pwyllgor Tai Cyngor Gwynedd.

Pan drafodwyd yr adroddiad yn Siambr y Cyngor yn ystod cyfarfod misol Pwyllgor Rhanbarth Dwyfor manteisiais ar y cyfle i gynnig rhai sylwadau a oedd yn cyfleu difrifoldeb y sefyllfa. Dywedais ddigon fel y byddai'r wasg yn cyhoeddi rhyw bwt o'm sylwadau. Gwyddwn y byddai hynny yn ddigon yn ei dro i ennyn sylw y cyfryngau. O fewn 24 awr roeddwn wedi cael gwahoddiad i ymateb ymhellach i'r adroddiad ar *Stondin Sulwyn*, a manteisiais ar y cyfle i bwysleisio difrifoldeb y sefyllfa, ond gwyddwn nad oedd hyn yn mynd i dynnu digon o sylw at yr argyfwng. Roedd y sefyllfa yn ddifrifol. Roedd difaterwch wedi ein llyncu ni i gyd ers blynyddoedd. Roedd pawb dan y camargraff fod democratiaeth a'r Cynulliad am ddatrys popeth a phawb yn fodlon neu'n ddifater – neu felly roeddwn i yn ei dybio. Penderfynais fod rhaid gwthio'r cwch i'r dŵr go-iawn.

Ar 17 Ionawr, wythnos ar ôl trafod yr Adroddiad yn y Siambr, cefais wahoddiad i drafod y mater ar Radio Wales. Hwn oedd fy nghyfle. Trafodais fy mwriad gyda chyfaill agos iawn, un a oedd yn teimlo, fel minnau, fod diwedd ein cymunedau a'r iaith Gymraeg ar y gorwel, a phenderfynasom fod yn rhaid i mi ei dweud hi fel ag y mae. Os am greu *impact* roedd rhaid defnyddio iaith gref a chadarn er mwyn argyhoeddi pobl fod y mewnlifiad yn digwydd rŵan, a bod yr iaith yn colli tir fesul diwrnod a fesul pentref yma yn Llŷn – yma yn ei chadarnle.

Yn ystod y cyfweliad hwnnw siaradais fel dyn ac nid fel gwleidydd. Siaradais yn union fel y buaswn yn siarad gartref gyda'm teulu neu fy nghyfeillion. Siaradais yn onest ac yn agored heb ddal yn ôl, ac wedi cwblhau'r cyfweliad teimlais ryddhad anferthol. Gwyddwn fy mod wedi gollwng y gath o'r cwd ac y byddai ymateb. Ond rhaid i mi gyfaddef, nid oeddwn wedi breuddwydio y byddai'r ymateb mor ffrwydrol.

Chwech o'r gloch y noson honno cefais alwad ffôn gan newyddiadurwr o'r *Welsh Mirror* yn dweud fod yr Aelod Seneddol Don Touhig yn fy meirniadu'n hallt am fy sylwadau. *'Can you confirm that you said... '* y peth yma a'r peth arall, meddai'r llais oeraidd y pen arall i'r ffôn, *'well yes... '*, meddwn innau, gan fynd ymlaen i geisio rhoi'r sylwadau yn eu cyd-destun ac esbonio pam y dywedais yr hyn a ddywedais. Ond roedd y gŵr o'r *Welsh Mirror* eisoes wedi rhoi'r ffôn i lawr arna i. Y bore canlynol, wrth fynd i nôl y papur newydd beth wynebodd fi ar y silff oedd pennawd y *Mirror* – 'Voice of Hate'.

O'r dydd hwnnw ymlaen bu'r papurau lleol fel y *Daily Post*, y *Caernarfon & Denbigh* a'r *Cambrian News* yn ogystal â'r *Welsh Mirror* yn rhedeg y stori yn ddi-baid. Roedd y Blaid Lafur, trwy gyfrwng y *Welsh Mirror,* yn ymosod yn ddi-drugaredd arnaf – er mwyn pardduo Plaid Cymru, mae'n debyg; a rhaid cyfaddef nad oeddwn wedi disgwyl i'r sylwadau ennyn dicter mor ffiaidd. Yn wir, roedd yr hysteria oedd yn cael ei greu gan yr aelodau Llafur mor fawr nes bod cynigion ger bron y Cynulliad ac ar lawr Tŷ'r Cyffredin yn fy nghondemnio am fod yn hiliol. Roedd y Blaid Lafur yn fy nghyhuddo i o fod yn hiliol am fynnu parhad yr hyn sydd yn weddill o'r Gymru Gymraeg. Roeddynt yn fy nghyhuddo o fod yn hiliol am awgrymu fod rhaid rhwystro'r llif anferthol o fewnfudo i Lŷn. Ac yn fy nghyhuddo o fod yn hiliol am ofyn am greu amgylchiadau ffafriol i'n pobl ifanc er mwyn eu galluogi i fedru cystadlu am dai ar y farchnad agored yn eu gwlad eu hunain yn erbyn dieithriaid llawer iawn mwy cyfoethog. Roedd y Blaid Lafur yn dweud nad oedd hawl gennym i oroesi, a bod ein tranc yn anochel 'oherwydd fod gan bawb yr hawl i symud i fyw i le y myn', fel y dywedodd Beti Williams, A.S. Conwy.

Sut allai plaid oedd mewn grym yma yng Nghymru ac yn Llundain wadu ein hawl ni fel Cymry Cymraeg i oroesi?

Erbyn hyn roeddwn yn teimlo'n gwbl ynysig. Roedd grym yr ymosodiadau yn sioc anferthol i mi, a chan nad oeddwn wedi fy mharatoi am y feirniadaeth roeddwn yn ei chael yn anodd i wneud synnwyr o'r peth o gwbl. Doedd Plaid Cymru ddim llawer o help, mae'n rhaid cyfaddef. Roedd ei safbwynt yn newid o ddydd i ddydd. Roeddwn mewn cysylltiad dyddiol gyda'r Blaid yn ganolog, a'r cyngor 'roeddwn yn ei gael oedd 'dweud dim, a fe wnawn i dy amddiffyn'. Derbyniais eu cyngor ac ataliais rhag cynnal rhagor o gyfweliadau, gan ddisgwyl y byddai popeth yn iawn ac y byddai'r Blaid yn galw ar ei gwleidyddion profiadol fel y gallent hwy fy amddiffyn. Ond daeth yn amlwg yn fuan nad oedd hynny am ddigwydd.

Un diwrnod, yng nghanol hwrli bwrli dyddiau cynnar yr holl helynt, roeddwn yn teithio yn y car a rhoddais y radio ymlaen. Testun trafodaeth y rhaglen oedd 'y sylwadau'. Wel, dyma gyfle, meddyliais, i'r Blaid fy amddiffyn. Ond na, er siom i mi doedd neb o'r Blaid wedi gallu derbyn gwahoddiad, a bu'n gyfle euraidd i gynrychiolwyr y tair plaid arall fy lambastio. Ond er gwaethaf absenoldeb y Blaid fe gefais fy amddiffyn ar y rhaglen gan rywun cwbl annisgwyl, sef gan y sawl a holai'r gwleidyddion – y Bonwr Gwilym Owen ei hun. Pwysleisiodd nad oedd yn arferiad iddo, fel rhywun gwrthrychol na fu erioed yn aelod o unrhyw blaid wleidyddol, i wneud datganiadau gwleidyddol, ond yn absenoldeb unrhyw gefnogaeth o gyfeiriad arall, teimlai fod yn rhaid iddo gytuno efo fy sylwadau i. Wedi dyddiau o deimlo dan warchae codwyd fy nghalon – diolch yn fawr i chi Gwilym.

Peth arall oedd yn dechrau dod yn amlwg oedd y gefnogaeth yn y wasg Gymraeg. Dangosodd cylchgronau fel *Golwg* a *Barn* eu hochr. Ond yn bwysicach na hyn oedd y gefnogaeth gan unigolion – gan bobl gyffredin. Roedd llawer iawn o aelodau'r Blaid yn cysylltu i fynegi eu cefnogaeth yn ogystal â sawl cangen. Sylwais bob tro y byddai ymosodiad arna i gan wleidyddion y Blaid Lafur ac eraill gwrth-Gymreig, y byddai'r postman yn dod â llythyrau o gefnogaeth i mi y diwrnod canlynol. Ymhen ychydig roedd modd mesur ffieidd-dra yr ymosodiadau oddi wrth nifer y llythyrau a ddôi drannoeth. Os byddai'r feirniadaeth ohonof yn fwy eithafol a ffiaidd byddai hynny yn golygu cynnydd yn nifer y llythyrau.

Roedd y llythyrau yn codi fy nghalon, wrth gwrs. Hebddynt byddwn wedi diffygio ac o bosib wedi rhoi'r ffidil yn y to. Ond dal i ddod wnaethant, ac erbyn canol mis Chwefror roeddwn wedi dod i ddisgwyl nifer yn ddyddiol.

Ar y cychwyn roedd y llythyrau a'r gefnogaeth dros y ffôn

a'r ysgwyd llaw cyhoeddus – nid yn unig gan bobl oedd yn fy adnabod, ond gan bobl gwbl ddieithr yn ogystal – yn gyfrwng i mi oroesi'r ymosodiadau. Yn wir, wrth i'r gefnogaeth dyfu, dechreuais innau gael nerth ohonynt. Dechreuais deimlo y gallwn daro'n ôl. Wedi'r cwbl os oedd y Blaid yn rhy ofnus doedd y bobl 'roeddan nhw'n eu cynrychioli ddim.

Cefais nifer o wahoddiadau i gael fy nghyfweld, ac yr oeddwn yn eu gwrthod ar gyngor y Blaid. Ond wedi darganfod nad oedd y Blaid yn fy amddiffyn gydag arddeliad penderfynais y byddwn yn fy amddiffyn fy hun. Cytunais i ymddangos ar *Week In Week Out* a'r *Byd ar Bedwar* a datgelais hyn i gyfeillion agos. O fewn ychydig oriau cefais alwad ffôn gan ŵr amlwg ym myd y cyfryngau a ddywedodd ei fod wedi clywed fy mod am gymryd rhan, a'i fod am gynnig hyfforddiant i mi ar sut i ymddwyn o flaen y camera a sut i ymateb i gwestiynau anodd – ar ôl gwylio *Question Time* y noson honno derbyniais ei gynnig.

Erbyn diwedd Mawrth roedd consensws cadarn yn cefnogi fy sylwadau ymysg y Cymry Cymraeg. Hwn oedd testun aml i sgwrs mewn tai tafarnau ledled y cymunedau Cymraeg. Daeth yn bwnc trafod gan sawl un a oedd yn cael gwahoddiad i siarad gan wahanol fudiadau Cymreig. Derbyniais nifer o gopïau o ddarlithoedd ar y testun gan ysgolheigion, a chafodd y mater hyd yn oed ei ddefnyddio fel cwestiwn arholiad lefel A. Heb amheuaeth roedd y pwnc ar yr agenda. Ac erbyn hyn roedd sylw cynyddol i fethiant Plaid Cymru yn ganolog i ddangos gwir gydymdeimlad a chefnogaeth.

Roeddwn mor falch o ymateb cadarnhaol pobl Cymru i'r sylwadau bryd hynny, ac eto mor siomedig gydag ymateb y Blaid, nes i mi benderfynu cynnig her arall iddi er mwyn ceisio ei deffro. Cytunais i gael fy nghyfweld gan y cylchgrawn *Y Ddraenen*, cylchgrawn i fyfyrwyr Coleg Prifysgol Bangor. Ymysg pethau eraill, dywedais yn y cyfweliad hwnnw y byddwn yn ystyried herio unrhyw ymgeisydd Plaid Cymru mewn etholiad i'r Cynulliad oni bai fod y Blaid yn dangos llawer mwy o hyder wrth ddelio â'r materion hyn. O ganlyniad (ar Ddydd Ffŵl Ebrill) cefais fy ngalw gerbron Pwyllgor Gwaith Plaid Cymru yn Aberystwyth.

Yno deuthum i 'ddealltwriaeth' gyda'r Blaid na fyddwn yn sefyll yn erbyn unrhyw ymgeisydd swyddogol Plaid Cymru, ac y byddai'r Blaid yn dangos llawer mwy o awydd i fynd i'r afael â'r problemau. Rhoddwyd addewid y byddai tasglu yn cael ei sefydlu dan arweinyddiaeth Dafydd Wigley er mwyn casglu tystiolaeth a dwyn argymhellion gerbron y Cynulliad maes o law. Yn gynnar wedi'r etholiad cyhoeddodd y tasglu ei argymhellion.

Erbyn hyn roedd misoedd wedi mynd heibio ers fy sylwadau cyntaf, ac er bod fy edmygedd a'm parch at Dafydd mor gadarn ag erioed roedd yr argymhellion yn wan. Ni allwn lai na theimlo mai ymgais llugoer oedd hyn er mwyn ceisio plesio pawb a chynddeiriogi neb. Roeddwn i am weld sefydlu awdurdod statudol i warchod ein cymunedau Cymraeg trwy Gymru. Roeddwn hefyd am weld arian yn cael ei gyfeirio i'r cynghorau er mwyn eu galluogi i roi grantiau i bobl ifanc i brynu eu tŷ cyntaf, arian i gymhathu mewnfudwyr trwy eu hannog i ddysgu siarad Cymraeg, a mwy o ymdrech i hyfforddi ein pobl ifanc ar gyfer swyddi gwerth eu cael yn eu bröydd eu hunain.

Ond yn bwysicach na dim roeddwn i am weld fy nghymuned fy hun yn mynnu rheoli ei thynged ei hun. Yn codi fel un a hawlio bod ein hetifeddiaeth ni yn cael ei pharchu a'i gwarchod. Ein bod yn mynnu fod yr iaith Gymraeg – trysor mwyaf ein cenedl – yn cael ei throsglwyddo i blant ein plant. Oni bai i ni lwyddo ni fydd ein wyrion a'n wyresau na hanes ei hun yn maddau inni. Felly nid oes gennym ddewis ond i ddal ati a dal ein tir.

Yn sicr, byddaf i yn dal i frwydro.

Cerddi

Independent on Sunday, 21 Ionawr 2001

"And when you consider their language
Has only survived this far
Because of committees inventing words
For 'television' and 'car',
You don't know whether to laugh or cry,"
Meddai Janet Street-Porter, a neb llai.

"Mr. Glyn is intent on preserving
An arcane and irrelevant view
Of a land which is full of Welsh people
All doing what Welsh people do.
You don't know whether to laugh or cry,"
Meddai Janet Street-Porter, a neb llai.

"People happy to go down the coal mine
And the quarry for tuppence an hour,
Eat mutton and bread, and sing Welsh hymns
In the chapel and the pit-head shower.
You don't know whether to laugh or cry,"
Meddai Janet Street-Porter, a neb llai.

"The Wales of Mr. Glyn disappeared
After the First World War,
And nothing of any importance at all
Ever happens in Wales anymore.
You don't know whether to laugh or cry,"
Meddai Janet Street-Porter, mwy neu lai.

"North Wales is a theme-park,
Whether Mr. Glyn likes it or not.
And don't think I'm saying this because
Of some personal problem I've got,
But if they haven't sacked him, they f*cking well oughta!"
Independent on Sunday; Janet Street-Porter.

Chwertha, Janet! Cria! Lladd dy hun!
'Dio ff*c o ots gan bobol Pen Llŷn.

Twm Morys

Cân i Seimon Glyn

(ar ôl darllen ymosodiad Ms Street Porter yn yr *Independent on Sunday*, a sothach y Blaid Lafur yn y *Welsh Mirror*)

Dydio ddim yn fater o ddu a gwyn
Ond os dan ni am barhau ma raid parhau fan hyn
Ma Beti Williams yn deud bod ni'n hiliol nawr
A Janet Street Porter, ma honno'n deud pethau mawr

Mae cenhadon casineb ar bob llaw
Er mwyn elw gwleidyddol ma nhw'n lluchio baw
Paid â meiddio poeni am yr iaith
Neu gei di d'alw'n hiliol, ma hynny'n ffaith

    Paid â pechu'r *Welsh Mirror*
    Paid â pechu New Labour
    os nad wyt t'isio dy droi'n esgymun
    a gweld dy eiriau'n cael eu troi yn wenwyn
    Leicia'r iaith ond ddim gymaint â hynny
    cos we all speak English, don't we?
    cau dy geg a tria fod yn ufudd
    croeso iti i'r cŵl Cymru newydd.

Ma'r *Independent on Sunday* yn bapur call
ddim run fath â'r tabloids sy'n ddwl a dall
Ma'r *Independent on Sunday* yn ddeallus a doeth
Fasa nhw'm yn meddwl cyhoeddi hiliaeth noeth

Paid â pechu'r *Welsh Mirror*
Paid â pechu New Labour
os nad wyt t'isio dy droi'n esgymun
a gweld dy eiriau'n cael eu troi yn wenwyn
Leicia'r iaith ond ddim gymaint â hynny
cos we all speak English, don't we?
cau dy geg a tria fod yn ufudd
croeso iti i'r cŵl Cymru newydd.

Iaith yr ysgol ydi Saesneg, ond be di'r ots?
and in the pub it's all English, but so what?
Paid â'i galw'n iaith estron, er mwyn dyn
ti'm yn dallt mai ti di'r estron yn dy wlad dy hun?

Paid â pechu'r *Welsh Mirror*
Paid â pechu New Labour
os nad wyt t'isio dy droi'n esgymun
a gweld dy eiriau'n cael eu troi yn wenwyn
Leicia'r iaith ond ddim gymaint â hynny
cos we all speak English, don't we?
cau dy geg a tria fod yn ufudd
croeso iti i'r cŵl Cymru newydd.

Geraint Løvgreen

Llythyrau

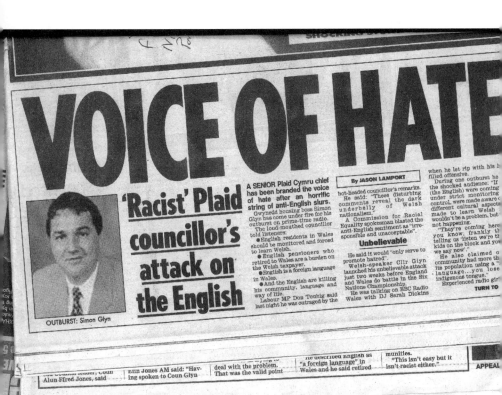

VOICE OF HATE

'Racist' Plaid councillor's attack on the English

OUTBURST: Simon Glyn

By JASON LAMPORT

A SENIOR Plaid Cymru chief has been branded the voice of hate after an horrific string of anti-English slurs.

Gwynedd housing boss Simon Glyn has come under fire for his outburst on prime-time radio.

The loud-mouthed councillor told listeners:

● English residents in Wales should be monitored and forced to learn Welsh.

● English pensioners who retired to Wales are a burden on the Welsh taxpayer.

● English is a foreign language in Wales.

● And the English are killing his community, language and way of life.

Labour MP Don Touhig said last night he was outraged by the hot-headed councillor's remarks.

He said: "These disturbing comments reveal the dark underbelly of Welsh nationalism."

A Commission for Racial Equality spokesman blasted the anti-English sentiment as "irresponsible and unacceptable".

Unbelievable

He said it would "only serve to promote hatred".

Welsh-speaker Cllr Glyn launched his unbelievable attack just two weeks before England and Wales do battle in the Six Nations Championship.

He was talking on BBC Radio Wales with DJ Sarah Dickins when he let rip with his hfilled offensive.

During one outburst hethe shocked audience: "I(the English) were comingunder strict monitoringcontrol, were made aware odifferent cultural aspectsmade to learn Welshwouldn't be a problem, butnot happening.

"They're coming hereyou know, frankly thtelling us 'listen we're tkids on the block and yowe say now'."

He also claimed ocommunity had more thits population using alanguage...you loseindigenous tongue."

Experienced radio gir

TURN TO

TURN TO

Elin Jones AM said: "Having spoken to Coun Glyn... | deal with the problem. That was the valid point... | he described English as "a foreign language" in Wales and he said retired | munities. "This isn't easy but it isn't racist either." | **APPEAL**

...Council leader, Coun Alun Ffred Jones, said

Trimsaran
Cydweli
Sir Gaerfyrddin

25ed o Chwefror 2001

Annwyl Simon Glyn,

Yr wyf yn eich edmygu yn fawr am sefyll yn gadarn. Nid oes llawer a
wnelo hyn. Mae llawer yn meddwl yr un peth ond yn gwneud dim am y
sefyllfa.

Hen wraig wyth deg chwech oed wyf fi ond mae fy nghalon yn gwaedu
dros fy ngwlad. Mae'r un pethau'n digwydd yn y de. Mae'r Saeson yn
cymryd drosodd. Pob lwc i chi a daliwch ati.

Yr eiddoch yn gywir,

Maggie Thomas

Bangor
Gwynedd

Annwyl Simon Glyn,

Fel hen aelod o Blaid Cymru (gyda phwyslais ar yr hen!) ga i, trwy
gyfrwng y pwt llythyr yma, estyn fy nghefnogaeth i chwi ar eich safiad.
Fydd y dyddiau a'r misoedd nesaf ddim yn hawdd i chwi nag i'ch teulu,
ond daliwch eich tir.
    Cofiaf ddyddiau cynnar ymgyrchoedd y Blaid, pobl yn poeri arnom a
thaflu cerrig atom – daeth tro ar fyd yng ngeiriau'r emyn.

    Cei dy wawdio lawer gwaith
    Paid gofalu dim am hynny
    Bydd yn wrol.

    Pobl fach (ac aelodau o un blaid yn arbennig) fydd yn mwynhau taflu
sen arnoch. Bydd, fe fydd y cyfan yn brifo, ond fe aiff hyn heibio. A'r tebyg
yw na fuasai dim cymaint o stŵr oni bai fod etholiad ger llaw, ac wrth
gwrs rhaid i'r rhacsyn y *Daily Post* gael rhywbeth i lenwi ei dudalennau.

Pob dymuniad da,

Meinwen Parry

Y Groeslon
Caernarfon
Gwynedd

Annwyl Seimon,

Pa hwyl? Dim ond nodyn byr i dy gefnogi yn dy sylwadau diweddar. Dylai etholwyr Pen Llŷn fod yn falch fod ganddyn nhw gynghorydd efo'i waed yn berwi am y sefyllfa mewnfudwyr 'ma. Mae'n hen bryd i rywun gymryd cyfrifoldeb – yn enwedig rheoli pobol DSS gogledd Lloegr sy'n cael eu hail-leoli mewn tai cyngor yng Ngwynedd.

I fyny bo'r nod, er mor anodd ydi wynebu'r wasg a'r cyfryngau. Ond mae'r "wêr" i gyd o dy blaid di – perswadio'r "Cynullwyr" ydi'r broblem!

Cofion gorau,

Menna Medi a Ceri Mair

Mynytho
Gwynedd

Annwyl Seimon Glyn,

Dyma beth dd'wedodd Gerallt nos Sul, air am air.

Testun i'r Englyn oedd "Eithafwr" a mae mewn cromfachau odditano
fo "Seimon Glyn" a marc cwestiwn. Seimon Glyn, wrth gwrs, wedi
tynnu nyth cacwn yn ei ben, y creadur – y Cynghorydd Seimon Glyn –
trwy dynnu sylw at y ffaith fod 'na bentrefi ym Mhen Llŷn, fel llawer
man arall, yn cael eu boddi'n llwyr un ai gan fewnfudwyr neu dai ha' ac
yn y blaen. Dwi'n cofio Meredydd Evans yn yr Eisteddfod rai
blynyddoedd yn ôl bellach, mi dd'wedodd ynte'r un peth ag mi fu'r
helynt rhyfedda' – tydan ni'n bobol ryfedd deudwch.

"Eithafwr"
(Seimon Glyn?)

Dyma englyn llawn coegni:

Gwell i hwn golli'i heniaith – yn wasaidd
Na lleisio'r gwir perffaith
Drwy honni mai estroniaith
Immigrants sy'n mygu'n iaith

Dafydd Wyn Jones (Cwmllinie, Tîm Bro Ddyfi)

Ac mae'r gair Saesneg *immigrants* yn talu am ei le yn fan'na yn tydi.
Immigrants sy'n mygu'n iaith. Englyn ardderchog yn wir, ac yn
haeddu'r marc llawn. Deg.

Ar ôl clywed Dafydd Wyn Jones yn ei ddarllen, dyma dapio Gerallt yn

beirniadu – bydd gennyf dâp bob amser yn y set radio a rhyw ddiddordeb i
gofnodi rhywbeth sy'n wirioneddol afael yna i – a mae ambell beth ar y
Talwrn, yntoes? Ac mae'r englyn yma'n berl.

Maddeuwch y nodyn blêr.

Cofion atoch fel teulu.

Yn gywir iawn,

Madge

Annwyl Seimon a'r Teulu,

Mae'n dda clywed rhywun yn fodlon dweud ar goedd yr hyn y mae llawer ohonom yn ei deimlo. Mae'r 'petha' yn sicr yn bwysicach na llwyddiant unrhyw blaid.

Mae'r papurau'n felltigedig yn gwyrdroi a chamarwain i godi cynnen a dadl. Mi drïwn ni ddod i'r rali – cawn weld sut y bydd pethau yma erbyn hynny.

Cofion gorau,

Mair, Hedley, Dafydd a Gwenan

"Myn llaw fy nghytaill, gwêl di acw dân rhyfelwr"
Dafydd a Rhiannon Ifans "Y Mabinogion, Culhwch ac Olwen" - Gwasg Gomer, 1980

"By the hand of my friend, behold, yonder is the fire of a robber!"
Lady Charlotte Guest "Mabinogion; Kilhwch and Olwen" - London, 1877

"Par la main de mon ami, voilà là-bas le feu d'un voleur."
Joseph Loth "Le Mabinogi de Kulhwch et Olwen" - Saint Brieuc, 1888

"Bei der Hand meines Freundes, dort ist das Feuer eines Kriegers."
Marian Löffler "Culhwch und Olwen" - 1994

Un o 12 cynllun enamel champlevé gan Peter Lord
One of 12 champlevé enamel designs by Peter Lord

Cyhoeddwyd gan: Rhiannon
Published by:
TREGARON, DYFED, CYMRU.
(Wales), SY25 6JL

Sketty
Swansea

21.2.2001

Dear Cllr. Glyn,

My family and I would just like to tell you how much we admire your conviction and courage in speaking out for something you feel strongly about.

It is only fair and just that people should be able to afford housing in the area in which they were born. You have a lot of support amongst people I have spoken to in this area. I hope you will have the strength and support to continue your fight for justice.

Yours sincerely,

Beverley Sailway

For the record we are not Welsh speaking but support the preservation of the language.

Pwllheli
Gwynedd

31.1.01

Annwyl Simon,

Hoffwn ddweud fy mod yn dy gefnogi yn hollol am yr hyn yr wyt wedi ei ddweud yn gyhoeddus yn ddiweddar.

Credaf mai nid yn unig gyda thai mae'r mewnfudwyr yma yn cael y blaen ar y Cymry, ond hefyd gyda llawer iawn o swyddi sydd yn ddigon prin yn barod. Fel un sydd yn gweithio i gwmni ym Mhwllheli sydd, yn y tair blynedd diwethaf, wedi cyflogi dim ond Saeson, rwyf wedi cael profiad o hyn. Mae rhai o'r rhain wedi ymddeol ar bensiwn da i Ben Llŷn, ond mae'r gŵr neu'r wraig yn mynd i weithio'n llawn amser.

Yr wyf yn byw mewn tŷ cyngor a dim gobaith byth o berchen fy nhŷ fy hun. Yn ddiweddar bu'r tŷ drws nesaf yn wag ac y mae Cyngor Gwynedd wedi ei osod i gwpwl sydd wedi symud i'r ardal gyda eu rhieni. Gofynnaf i mi fy hun, ble mae hyn i gyd yn mynd i orffen? Mae'n hen bryd i rywbeth gael ei wneud neu mi fydd yn rhy hwyr, os nad yw hi yn barod.

Gyda phob cefnogaeth,

Cafwyd enw a chyfeiriad y llythyrwr. Gofynnodd inni beidio â datgelu'r manylion hyn rhag ofn iddo golli ei swydd.

Caernarfon

27.1.01

Annwyl Seimon,

Llongyfarchiadau a phob cefnogaeth i ti am dy ddatganiadau diweddar. Rwyt ti yn llygad dy le am y newidiadau demograffig sy'n digwydd, ac mae dy ddadleuon wedi eu seilio ar ystadegau economaidd cadarn. Mae'r peth yn fwy na'r hyn sy'n digwydd yng Nghernyw, Y Dêls ac yn y blaen – os ydan ni o ddifri am ein hunaniaeth fedri di ddim datgysylltu cadw cymunedau naturiol Gymreig yn fyw oddi wrth benderfyniadau cynllunio.

Beth bynnag, dal ati – a dwi byth yn mynd i brynu'r *Daily Post* eto. Byddi'n falch o wybod fod Wigley wedi dy gefnogi mewn noson gan y Blaid yn y Celt neithiwr. Roedd 'na gyflwyniad a gwnaeth bwynt o sôn am ei gefnogaeth i ti yn ystod ei araith.

Cofion atat ti a Rhian a'r plant – mae hwn yn gyfnod digon dyrys i chi.

Hwyl,

Elen Huws

Treganna
Caerdydd

21 Chwefror 2001

Annwyl Simon,

Credaf iddi fod yn hen bryd imi yrru gair o gefnogaeth iti ar dy safiad digyfaddawd. Petai Plaid Cymru wedi mynd ati, o ddifrif, i wneud yr un safiad a delio â'r problemau amlwg hyn pan ddaethant i'r amlwg yn y 70au, yn hytrach nac eistedd ar y ffens, dwi'n eithaf ffyddiog byddai eu safle fel plaid wleidyddol yn llawer cryfach erbyn hyn.

Petaent wedi bod â digon o hyder i ddangos eu dannedd, hwyrach byddem â'r un pŵerau â'r Alban a byddai sefyllfa economaidd y broydd Cymraeg yn ogystal â gweddill Cymru yn ymddangos yn llawer mwy disglair ar gyfer y dyfodol. Mae'n hen bryd iddyn nhw gael eu blaenoriaethau'n iawn os ydynt i ennill parch a chefnogaeth y Cymry. Dylent ganolbwyntio'n uniongyrchol ar sut i ddatrys problemau diweithdra, tai a safon byw y Cymry yn hytrach na chanolbwyntio ar sgorio pwyntiau plentynnaidd yn erbyn y pleidiau eraill mewn sesiynau 'chwarae plant' yn y feithrinfa yna ym Mae Caerdydd.

A dylent ddim bod mor sensitif a di-asgwrn-cefn parthed cael eu labelu'n hiliol. Mae'r gair yna'n cael ei ddefnyddio fel arf gan y Saeson i bardduo a chau cegau eu gwrthwynebwyr pan maent am gael rhwydd hynt i wneud fel y mynnant – ac mae'n gweithio bob tro gyda Phlaid Cymru! Ond, beth am hiliaeth y Saeson yn erbyn y Cymry? Beth am y cyfreithiau yn y Canol Oesoedd i fonitro'r Cymry rhag cael swyddi a rhag, hyd yn oed, cael mynediad i'r bwrdeistrefi i siopa yn y marchnadoedd ac ati? Beth am y 'Welsh Not' bondigrybwyll a beth am y pardduo hiliol fel 'Taffy was a Welshman, Taffy was a thief' a'r labeli hiliol eraill sydd, hyd heddiw, yn cael eu gosod ar y Cymry, fel 'cave dweller' a 'sheep shagger'? Mae'n hen bryd i ni fel Cymry ofyn pwy yn union yw'r ysglyfaeth i hiliaeth.

Gwyddom fod y mwyafrif o fewnfudwyr yn symud yma am eu bod heb waith yn Lloegr neu wedi ymddeol ac mae'n brafiach i fyw yng nghefn gwlad Cymru nag mewn dinas brysur a swnllyd sy'n llawn trais. Gwyddom hefyd iddynt ddod â llawer o'u problemau a diwylliant dinesig Seisnig gyda nhw. Problemau sy'n deillio o gam-lywodraethu'r drefn Seisnig yw'r rhain. Oes angen dweud mwy?

Dylai rhywun ofyn beth yn union mae'r mewnfudwyr hyn yn cyfrannu i'r gymuned Gymraeg maent yn symud iddi. Os ydynt yn ddi-waith â theulu ifanc, does dim rhaid iddyn nhw dalu rhent na threth gymunedol o gwbl. Maent yn annhebygol o ddysgu Cymraeg a chyfrannu i'r economi a diwylliant Cymreig. Eu hagwedd, yn amlach na pheidio, yw pam, ac i be? Mae pawb yn gallu siarad Saesneg yng Nghymru, dydyn nhw? Ac mae'r hyn sy'n digwydd wedyn yn rhy amlwg.

Diolch iti Simon, a rhag cywilydd Plaid Cymru. Ac er eu gwaethaf, mae yna ddigon ohonom i'th gefnogi y tro yma Simon. Hwyrach bod angen rhwbath fel hyn, ers tro, i uno'r Cymry – ac i ddeffro ein Plaid Genedlaethol i'r ffaith ein bod ni, fel cenedl, wedi cael digon.

Siân Ifan

Diolch am siarad dros
pawb sydd yn gymraeg
Yn Pencei Portmadog
dim on un teulu cymraeg
ar ol allan o tua 20 o
dai haf mond un mae'r
tai ym mynd am £120006
pwy sydd gan fodd yn
lleol

Coun SEIMON Glyn
Cyfeiriad dim yn gwybod
Llanbedrog
Pen Llyn.
Gwynedd

Pwllheli
Gwynedd

20/2/01

Annwyl Seimon,

Hoffwn ysgrifennu i fynegi fy nghefnogaeth i'ch safiad diweddar ynglŷn ag effaith mewnfudo afreolus ar yr ardal hon. Fel rhywun symudodd i Ben Llŷn i fyw yn 1990 o ardal Seisnigaidd yng nghanolbarth Cymru, rwyf yn ymwybodol iawn o faint mor bwysig yw hi i warchod iaith a diwylliant ardaloedd traddodiadol Gymreig fel hon. Mae hyn yn hawl sylfaenol nid hiliaeth.

Roedd angen i rywun siarad allan ar y mater dybryd yma ac efallai fod rhai pobl sy'n enedigol i'r ardal yn euog o gymryd pethau'n rhy ganiataol. Rwyf yn gwerthfawrogi eich dewrder am wneud hyn yn gyhoeddus.

Diolch unwaith eto.

Cofion,

Gareth Rhys Morgan

Porthmadog
Gwynedd

Ionawr 28ain 2001

Annwyl Seimon,

Jyst nodyn bach i ddweud fy mod i'n cydymdeimlo â chwi ynglŷn â'r ffrae fawr yn y papurau newydd. Dw i'n deall yn gyfangwbl beth 'dach chi'n ei ddweud – bob tro mae tŷ yn dod ar y farchnad 'dan ni'n griddfan ac yn meddwl na fydd gobaith i bobl ifanc leol ei brynu o. Er bod gen i lawer o ffrindiau Saesneg, rydw i'n mynd yn ddigalon iawn pan mae mwy o bobl yn llifo i mewn. 'Dach chi'n iawn i wynebu'r broblem ac i drio awgrymu polisïau ar ei gyfer.

Mae'r rhan fwyaf o lythyrau yn y wasg yn camddeall y broblem, a fedra i ddim dioddef pobl sydd yn sgwennu 'anon'! Yn naturiol dydw i ddim yn cytuno cant y cant efo popeth chwaith – ond y tro hwn mae'n siŵr bod y media wedi mynd o'i gof!

Efo dymuniadau da,

Del Yale

Llanuwchllyn
Y Bala

15/02/01

Annwyl Seimon Glyn,

Teimlaf wedi gwylio'r rhaglen deledu *Question Time* heno bod rhaid i mi ychwanegu llythyr byr arall o gefnogaeth at y rhai niferus yr ydych eisoes wedi eu derbyn, rwy'n siŵr; a rwy'n ymwybodol bod rhai hefyd wedi eu gyrru o'r pentref hwn.

Roedd nifer helaeth o gynulleidfa *Question Time* yng Nghaernarfon heno (gwaetha'r modd) yn adlewyrchu'r broblem yr ydych wedi ceisio ei amlygu yn ddiweddar yn berffaith. Mae honno yn broblem bwysig a hollol real mae'n rhaid ei thrafod gan wleidyddion yn hwyr neu yn hwyrach, yn hytrach na'i defnyddio fel brwydr wleidyddol rhwng pleidiau.

Rydym yn raddol wedi gweld ein cymuned ni yma yn Llanuwchllyn yn dirywio, a dyna pam yr oeddwn mor falch fel person 25ain oed o allu prynu tŷ bychan yn y pentref fis Awst diwethaf, er mai stori wahanol fyddai ceisio tŷ mwy o faint mae'n siŵr!

Rwyf yn gweithio i Adran Tai a Gwarchod y Cyhoedd Cyngor Gwynedd, ac yn falch eich bod fel Cadeirydd yr Adran honno yn fodlon amlygu'r broblem o fewnlifiad sy'n lladd y gymdogaeth leol yr wyf yn ei gweld ym Meirionnydd a gweddill Gwynedd o ddydd i ddydd yn fy ngwaith.

Diolch yn fawr a phob cefnogaeth.

Yn gywir,

Owain Gwent

Penygroes
Gwynedd

19.2.01

Annwyl Seimon,

Ches i ddim cyfle i ddiolch i ti wedi'r rali. Dwi'n credu fod cymeradwyaeth y dorf ddydd Sadwrn yn cyfleu ein teimladau yn well na dim. Llawer o ddiolch am dy neges. Roedd dy sylwadau mai ni falle fydd y genhedlaeth olaf i fyw yn y math yma o Gymru yn cyffwrdd y galon. Diolch i ti am dy neges, am dy safiad, a gobeithio y gallwn fynd â'r maen i'r wal.

    Yn sicr, mae wedi deffro dipyn ar yr hen wlad 'ma!

Cofion,

Angharad

Llandudno
Conwy

28 March 2001

Dear Seimon Glyn,

As an Englishman who came for work in the Llandudno area in 1976, I feel considerable sympathy for your fight for the native Welsh to have access to affordable housing in the land of their birth. I understand the threats to Welsh culture and the language posed by wealthy incomers have pushed up the price of local housing. Though their language is not affected these problems are also present in many rural areas of Britain.

I was interested to learn from my cousin in Jersey how they tackle similar problems in their small island. There are at least three categories of housing. Most is reserved for those born in Jersey. Some is then reserved for these essentially employed with specialist skills to offer. Lastly there is some available for wealthy newcomers who must pay up to £100,000 in tax, and their rates are lower than in Wales!

The details can be seen on http://www.hamptons-int-jersey.co.uk/housing.html.

Yours sincerely,

Patrick Rohdl

Aberhonddu
Powys

22 Chwefror 2001

Dear Mr Glyn,

Dwi'n siarad dim ond tipyn bach o Gymraeg felly mae rhaid i fi ysgrifennu llythyr yn Saesneg. Sori!

I have followed the developments of the issue you raised with great interest and I must say that I support you whole-heartedly in everything that you have said and done. You have spoken fairly and honestly about the situation that exists in your area and you deserve respect and praise for having done so. The problem exists in many places, in England as well as in Wales, when wealthier people use attractive areas – perhaps a pretty Cotswold village, perhaps a spectacular Welsh costal area – as dormitories, offering little to the community but at the same time damaging the fabric of life in that community. The problem must be exacerbated in Gwynedd because of the low wages of local people and of course the Welsh language. However, none of the politicians whose words I have heard or read seem to be willing to recognise the problem, and certainly none of them seem to have any idea as to how to tackle it. Your proposal of some kind of Property Act, presumably rather like the one in the Lake District of England, seems to me to be a very sensible way of trying to resolve matters.

As to BBC's *Week In, Week Out* programme I can only say that you came out of it with your head held high, whereas Don Touhig, a Labour MP, displayed all the cant and hypocrisy that we have come to expect from New Labour, especially New Labour in Wales. He was a disgrace and I intend to write to him to tell him so. If he and his party had any respect for Wales and the Welsh people they would be striving to ensure that the local people of Gwynedd would be able to afford to buy first homes at £200,000 plus – then the problems that you are encountering now would dissolve and disappear.

I hope you will continue to stick by your principles and speak truthfully on the problems that exist in our area. You know that there are many people in Wales who will offer you their support.

Your sincerely,

Malcolm Cousins

Abercarn
Casnewydd

15.2.01

Annwyl Seimon Glyn,

Mae grŵp ohonom o dde-ddwyrain Cymru sy'n ddysgwyr Cymraeg gan
fwyaf wedi darllen am eich helynt, sef eich bod yn cael eich galw'n 'hiliol'
am eich sylwadau am fewnfudwyr.

Os yw o unrhyw galondid i chwi rydym yn cytuno â'ch daliadau.
Dymunwn fynegi ein gwerthfawrogiad ohonynt a'n cefnogaeth iddynt.

Yn gywir,

Mary Morris

Bwlchgwyn
Nr Wrexham

20/2/01

Dear Sir,

Having just watched the BBC Wales programme *Week In Week Out*, I would like to thank you, and give you full support for speaking out on the difficult issue of inward immigration to Wales. I was born in Bwlchgwyn, and have seen the Welsh language and culture virtually disappear in my lifetime (40 years), plus in addition to that the grossly inflated house prices, and related problems for local people trying to buy houses in their own community. It is an issue which needs to be addressed now, all over Wales, or Wales as an entity will cease to exist.

Facing up to the issues is not racism, movement of people across national borders is a necessary fact of life for many people. But a balance must be struck between a community absorbing people for the good of everyone, as opposed to a migration landslide which can wipe away a community's identity, and culture permanently in a short space of time.

Good luck with your campaign.

Local Resident of Bwlchgwyn

Aberhonddu

Chwefror 19, 2001

Annwyl Cynghorydd Glyn,

Roeddwn wedi anfon llythyr i'r *Cymro* i gadw eich ochr chwi yn erbyn yr actiwr Phillip Hughes (Stan Bevan) ac wedi rhoi ambell i bwt o *Tri Chryfion Byd* (Twm o'r Nant). Yn anffortunus does dim hiwmor gan y Golygydd newydd.

Ond dyma aflwydd o waith i chwi, i ddarllen darnau o'r copïau amgaeëdig, i brofi eich bod yn iawn, a nid oes dim llawer wedi newid yma yng ngwlad y gân er adeg Tomos Edwards (Twm o'r Nant) tua dau gant a hanner o flynyddoedd yn ôl. Dal ati Seimon.

Fel aelod o Cefn – rwy'n eich cefnogi.

Cofion fyrdd ac ar frys,

Bob Morris Roberts

(Maddau'r ysgrifen – rwyf bron yn 80.)

Hel sgamers o Lunden, a llawer o helyntoedd,
a *land surveyors* i *reviwio*'r tiroedd;
A'u mesur hwy drostynt, gwlyb a sych,
Y caue'n grych a'r gwrychoedd.

A mynd â map i'r gŵr bonheddig,
O bob cyrrau, y coed a'r cerrig,
Pob cae a ffrith, pob acr a phren,
A chodi cyn pen ychydig.

Cyhoeddi, a galw'r tenantied i'r gole,
A dwedyd mewn ecrwch fod hyn a hyn o acre,
Ac y myn y meistr tir gael codi ar y rhent,
Mae hyn yn gonsent i ddechre.

A hwythe, tenantied y brynie a'r nentydd,
Yn mynd yn anhyweth at y ffasiwn newydd,
Wrth glywed eu Saesneg hwy'n hynny o fan,
Ym mron gan anhapusrwydd.

Ac yntau'r stiward, nid oedd dim *stayo*,
Ond "*Come forth, what ails ye,* Cymro?
Your land will be let for better pris,
Don't be a foolish fellow."

Twm o'r Nant

Porth Penrhyn
Bangor

13.03.01

Dear Simon,

I have heard snatches of media recordings of your opinion in regard to the right of a Welshman to live and work and abide in a dwelling in his or her country of origin. There seems to have been much criticism and derogatory remarks made out of this comment of yours in regard to the tone of your opinion being racist, as I gather that you implied that outsiders coming into the country had raised the prices of properties in Llŷn unrealistically, rendering them unaffordable to the indigenous population.

Well now Simon, I am not a politician nor am I able to supply solutions to the problem. However, in defence of your character and innate goodwill to all mankind, be they of whatever class, colour, race or age, I would say that having experienced your hospitality as a visitor to Ynys Enlli last summer, I was greeted with the utmost courtesy, kindness, attention to my personal welfare and treated to food, drink and a party at your family home on the island within true Celtic love and affection for the stranger in your midst. I was encouraged to speak Welsh and found phrases I had learned at University, as part of my degree, springing spontaneously to my lips. At all times in that happy holy place I never once felt that I was an intruder. In fact, it was joyous to see a place where everyone could gather together in family groups for the fostering of a culture which needs to survive the inroads of those who would come to take holiday homes or permanent residence, thus depriving the dear people who live and work there an affordable home on the western fringe of our society.

Yours,
Pat Scanlon

Llythyr gan *Combat 18* – grŵp ffasgaidd o Loegr

Penrhos
Bangor

23/1/01

Annwyl Seimon Glyn,

Nodyn byr atat i fynegi ein cefnogaeth i'th safiad a'th safbwyntiau. Diolch am gynghorwyr Plaid Cymru sy'n dal yn fodlon i godi llais a thynnu sylw at wir argyfwng y Gymraeg, yn lle cuddio tu ôl i ffug fodlonrwydd a siarad gwag.

Yn gywir iawn,

Gari Wyn a Modlen

Llangynog
ger Croesoswallt
Powys

22.2.01

Annwyl Seimon Glyn,

Ysgrifennaf atoch i'ch cefnogi yn eich safiad ynglŷn â'r mewnfudwyr.

Rwy'n byw yng Nghwm Pennant Melangell ger Llangynog, ac allan o 12 o dai does ond 4 â theuluoedd Cymraeg yn byw ynddynt. Mae iaith y cyngor cymuned wedi ei newid i'r Saesneg ynghyd â'r holl bwyllgorau eraill sy'n cael eu cynnal yn Neuadd Goffa Llangynog. Mae tri pharc carafannau yn y pentre, ac o un i un mae'r ymwelwyr i'r carafannau yn prynu'r tai sydd ar werth, does dim modd i bobl leol brynu tai eu hunain. Mae un tŷ yn y pentre ar werth yn awr am £159,000, sydd allan o bob rheswm.

Mae pobl Cymru yn eich dyled am i chi leisio eich barn a dod â'r broblem i'r wyneb. Dydw i ddim fel arfer yn un i ymateb fel hyn, ond gan fy mod yn byw mewn ardal sydd wedi diodde o'r un peth, teimlaf fod yn rhaid i mi ysgrifennu atoch i'ch cefnogi.

Daliwch ati.

Pob hwyl,

Carol Jones

Rhiwlas
Bangor
Gwynedd

Chwefror 19eg '01

Annwyl Mr Glyn,

Ysgrifennaf atoch chwi i ddiolch o waelod fy nghalon am eich gonestrwydd ynglŷn â'r Saeson sy'n llenwi ein broydd. Dydi hi ddim ond yn wyth mlynedd ers i mi adael yr ysgol bentref, ac yn barod mae'r ysgol bron yn gwbl Saesneg, er ei bod hi wedi bod yn Gymreigaidd iawn pan roeddwn i'n ddisgybl yma. Mae'n boendod meddwl i mi ei fod yn ddigon tebygol y bydd fy mhlant yn rhannu ystafelloedd dosbarth gyda'r di-Gymraeg. Gyda 'nhad a 'nghariad yn hanu o Loegr ac Awstralia, a'r ddau erbyn hyn yn rhugl yn y Gymraeg, gwn mai nid amhosibl yw dysgu Cymraeg.

Rydych chi wedi gwneud ffafr fawr iawn i'r gymdeithas Gymraeg gan roi eich sefyllfa wleidyddol eich hun yn y fantol. Ni welais erioed o'r blaen rywun yn bihafio mor anhunanol ac yn dangos gwir gariad tuag at yr iaith. Diolch yn fawr i chi, o waelod fy nghalon.

Yn gywir,

Manon Steffan

Maerdy
Corwen

Chwefror 21, 2001

Annwyl Seimon Glyn,

Diolch i chi am wneud safiad mor arwrol. Mae'r mewnlifiad parhaol o estroniaid yn yr ardaloedd hyn yn fy nhristáu yn fawr. Nid yw'r farchnad rydd yn un teg – rhaid cael Deddf Eiddo a hynny'n fuan iawn.

Gwyliais y rhaglen *Week In, Week Out* ar y teledu neithiwr, a braf oedd eich gweld yn gwneud safiad mor gadarn.

Daliwch ati.

Yn gywir,

Gwyneth E. Lloyd

O.N. Y mae gennych gefnogaeth eang – roedd hyn yn amlwg ar *Stondin Sulwyn* heddiw.

Undeb Myfyrwyr Prifysgol Cymru Bangor
Bangor
Gwynedd

16 Ionawr 2001

Annwyl Mr Glyn,

Cyfarchion a dymuniadau gorau am Flwyddyn Newydd Dda i chi gan aelodau Undeb Myfyrwyr Cymraeg Bangor.

Rwy'n ysgrifennu atoch yn anad dim ar ran yr Undeb yn sgil darllen adroddiad ar wefan y BBC, *Cymru'r Byd*, ynghylch gwaith ymchwil Cyngor Gwynedd sy'n cadarnhau fod prisiau tai yng nghefn gwlad Gwynedd yn rhy uchel i'r bobl leol. Nid syfrdan, ond siom yn sicr, oedd gweld bod yn agos at draean o dai mewn blwyddyn wedi cael eu prynu gan bobol sy'n byw tu allan i'r sir, a bod rhwng 80% a 90% o dai yn Nhudweiliog wedi'u prynu gan bobol o du allan i'r sir.

Â ninnau yma ym Mangor yn denu nifer fawr o'n myfyrwyr Cymraeg o bentrefi a threfi gwledig Gwynedd a'r siroedd cyfagos y mae canlyniadau arolwg y cyngor yn gwneud i ni bryderu'n fawr am ddyfodol y gymuned Gymraeg yma ym Mangor ac am ddyfodol cefn gwlad Cymru.

Brwydr ddyddiol yw hi yma o fewn y Coleg i sicrhau bod y Gymraeg, a'n myfyrwyr Cymraeg – nifer fawr ohonynt yn bobl leol – yn cael chwarae teg. Yn yr un modd, mae'n frwydr recriwtio galed wrth i ni geisio perswadio myfyrwyr lleol i ddod i astudio yn eu Coleg Prifysgol lleol. Pe bai tai lleol yn rhy ddrud, yna does fawr o obaith cadw ieuenctid lleol yn y fro, gan ddadwneud unrhyw waith a wnawn yma yn y Coleg i'w perswadio i geisio dyfodol iddynt eu hunain yn y gymuned leol, a pharhau yn rhan o'u cymunedau lleol.

O ganlyniad, y mae Undeb Myfyrwyr Cymraeg Bangor yn erfyn arnoch chi, a'r ddirprwyaeth y bydd y cyngor yn anfon at y Cynulliad, i ddadlau'n frwd o blaid cynllun lle gall pobl leol fforddio prynu tai, ac yn cynnig pob cymorth a ddymunech gyda'r ymgyrch. Boed y ddadl hon ar lefel sirol,

Gymreig neu Brydeinig, yn sicr cred UMCB bod sicrhau tai yng Ngwynedd y gall pobl leol eu fforddio o bwysigrwydd mawr.

Gan ddiolch i chi eto, am eich amser, a chan estyn unwaith eto ein cynnig o gymorth i chi mewn unrhyw fodd y gallwn.

Yr eiddoch yn gywir,

Huw Tegid,
Llywydd Undeb Myfyrwyr Gymraeg Bangor.

Undeb Myfyrwyr Prifysgol Cymru Bangor, Ffordd Deiniol, Bangor, Gwynedd LL57 2TH
University of Wales Bangor Students' Union, Deiniol Road, Bangor, Gwynedd LL57 2TH
Ffôn/Tel: 01248 388006 Ffacs/Fax: 01248 388020 E-bost/E-mail: undeb@undeb.bangor.ac.uk

Seimon Glyn,
Cadeirydd Pwyllgor Tai
Cyngor Gwynedd,
Penrallt,
Caernarfon.

Annwyl Mr Glyn,

16 Ionawr 2001

Cyfarchion a dymuniadau gorau am Flwyddyn Newydd Dda i chi gan aelodau Undeb Myfyrwyr Cymraeg Bangor.

Rwy'n ysgrifennu atoch yn anad dim ar ran yr Undeb yn sgil darllen adroddiad ar wefan y BBC, 'Cymru'r Byd', ynghylch gwaith ymchwil Cyngor Gwynedd sy'n cadarnhau fod prisiau tai yng nghefn gwlad Gwynedd yn rhy uchel i'r bobl leol.

Nid syfrdan, ond siom yn sicr, oedd gweld bod yn agos at draean o dai mewn blwyddyn wedi cael eu prynu gan bobol sy'n byw tu allan i'r sir, a bod rhwng 80% a 90% o dai yn Nhudweiliog wedi'u prynu gan bobol o du allan i'r sir.

Â ninnau yma ym Mangor yn denu nifer fawr o'n Myfyrwyr Cymraeg o bentrefi a threfi gwledig Gwynedd a'r siroedd cyfagos, y mae canlyniadau arolwg y Cyngor yn gwneud i ni bryderu'n fawr am ddyfodol y Gymuned Gymraeg yma ym Mangor, ac am ddyfodol cefn gwlad Cymru.

Brwydr ddyddiol yw hi yma o fewn y Coleg i sicrhau bod y Gymraeg, a'n Myfyrwyr Cymraeg – nifer fawr ohonynt yn lleol - yn cael chwarae teg. Yn yr un modd, mae'n frwydr recriwtio galed wrth i ni geisio perswadio Myfyrwyr lleol i ddod i astudio yn eu Coleg Prifysgol lleol. Pe bai tai lleol yn rhy ddrud, yna does fawr o obaith cadw ieuenctid lleol yn y fro, gan ddad-wneud unrhyw waith a wnawn yma yn y Coleg i'w perswadio i geisio dyfodol iddynt eu hunain yn y gymuned leol, a pharhau yn rhan o'u cymunedau lleol.

O ganlyniad, y mae Undeb Myfyrwyr Cymraeg Bangor yn ertyn arnoch chi, a'r ddirprwyaeth y bydd y cyngor yn anfon at y Cynulliad, i ddadlau'n frwd o blaid cynllun lle gall pobl leol fforddio prynu tai, ac yn cynnig pob cymorth a ddymunech gyda'r ymgyrch. Boed y ddadl hon ar lefel sirol, Gymreig neu Brydeinig, yn sicr cred UMCB bod sicrhau tai yng Ngwynedd y gall pobl leol eu fforddio o bwysigrwydd mawr.

Gan ddiolch i chi eto am eich amser, a chan estyn unwaith eto ein cynnig o gymorth i chi mewn unrhyw fodd y gallwn,

Yr eiddoch yn gywir,

Huw Tegid,
Llywydd Undeb Myfyrwyr Cymraeg Bangor.

Penybontfawr
Powys

5 Chwefror, 2001

Annwyl Seimon,

Gair o gefnogaeth i'th sylwadau ar y mewnlifiad i'r Gymru Gymraeg wledig. Mae'r ymateb yn f'atgoffa o'r hyn ddigwyddodd i mi gryn ddeng mlynedd yn ôl bellach. Roedd o'n gwestiwn llosg yn llythrennol yr adeg honno, yng nghanol yr ymgyrch losgi tai haf – ac mi fu bron i mi â difaru agor fy ngheg o gwbl yn gyhoeddus. Mae 'na gymaint o bwysau ar rywun i gau ei geg a pheidio dweud dim, ac mae angen person dewr i ddatgan y gwir.

Pan ddes i i fyw i Benybontfawr 17 mlynedd yn ôl, roedd 85% yn Gymry Cymraeg. Bellach, llai na'r hanner. Un o bob chwech plentyn yn yr ysgol sy'n dod o gartref Cymraeg. Dim ond wyth milltir sydd at y ffin, ond y dyddie yma dydi ffiniau'n cyfri dim. Mae pob cyfiawnhad i rybuddio pobl Llŷn a Chymru gyfan ynglŷn â'r hyn all ddigwydd.

Safed yn gadarn!

Yn gywir iawn,

Arfon Gwilym

Llanystumdwy

Annwyl Seimon,

Gair bach i dy gefnogi ac i dy longyfarch am sefyll dros dy egwyddorion ac am sefyll trosom ni fel lleygwyr. Y mae llawer o gefnogaeth i ti, a gobeithio y gwyddost ein bod yma i dy gynorthwyo a'th gefnogi yn y dyfodol. Cofia ffonio os am gymorth mewn unrhyw ffordd.

Gyda llawer o ddiolch diffuant,

Anna Wyn

Llansannan
Sir Conwy

Dydd Mawrth, 30.1.01

Annwyl Fonwr Simon Glyn,

Llongyfarchiadau fil am dynnu sylw Cymru a Chymry benbaladr at sefyllfa druenus cymunedau cefn gwlad Llŷn etc. parthed y mewnlifiadau lu, ac agweddau digywilydd y Saeson bondigrybwyll sy'n difrodi ein bywyd. A diolch am fynegi hynny heb flewyn ar dafod. Fel R. S. Thomas gynt, cewch eich gwawdio a'ch melltithio, bid siŵr, a hynny gan Gymry Cymraeg yn ogystal, pobl y *status quo*, a gadael-y-ddysgl-yn-wastad, ac eisteddwn ar ben llidiardau. Boed i chwi nerth i oresgyn hyn.

Fel un sy'n galw i weld y tylwyth yn Llŷn o bryd i'w gilydd, a throedio'r hen gynefin ym Mrynmawr a Sarn Mellteyrn, mae'n loes i mi ganfod y newid er gwaeth a fu. Yma, rhwng Llanrwst a Dinbych ar gyrion Uwchdir Hiraethog, nid yw'r Saeson ychwaith yn rhan o'r cymunedau fel y cyfryw. Yn hytrach troi ymhlith eu hunain a wnânt a ffurfio *ghettos* Seisnig sy'n ymledu a chynyddu eu dylanwad yn dreiddgar a llechwraidd. A moesymgrymiad Cymry Cymraeg iddynt sy'n cynddeiriogi dyn yn waeth na dim. Mae aelodau seneddol a rhai o'r Cynulliad megis Alun Pugh yn siarad rwtsh yn sôn am fod yn hiliol pan fo dyn yn mynegi'r gwir, a'r gwir wedi'r cwbl sy'n brifo. Yr hiliaeth waethaf oll yw ein goresgyniad ni dan lach y Sais – mae'n hiliaeth barhaus, yn feunyddiol felly.

Yr hyn sy'n drist i mi hefyd yw amharodrwydd arweinyddion y Blaid i fynegi eu barn a'u polisïau yn glir ac yn groyw, rhag tarfu ar yr etholwyr. I allanolyn fel myfi nid yw polisïau a gweledigaeth y Blaid – os oes un – yn ddim ond drysni llwyr erbyn hyn. Ac yn y drysni mae Cymru'n tagu.

Diolch i chi beth bynnag am glirio'r awyr yn hyn o beth. Pob dymuniad da yn yr ymgyrch, a phob bendith ar eich gwaith.

Yn serchog,
Edgar O. Williams

Ysbyty Ifan
Betws-y-coed
Conwy

Ionawr 19, 2001

Annwyl Seimon Glyn,

Parthed Daily Post 18.1.01

Nid Cymraes ydw i ond un o'r *bloody foreigners* sydd wedi ymgartrefu yma ers blwyddyn ar bymtheg. Cymraes ail-law fel petai. Cefais fy ngeni yn y Swistir a'm haddysgu yn yr Almaen. Bûm yn gweithio yn Lloegr am ddeng mlynedd ar hugain cyn cyrraedd Ysbyty Ifan. Ga i ddweud, yn fy marn i, eich bod chi'n llygad eich lle efo'r hyn ddwedoch. Cytunaf gant y cant. Teimlaf yn drist fod angen i chi ymddiheuro, gan mai chi oedd yn iawn.

Diolch am fod mor ddewr! Mae gwir angen deddf i atal mewnlifiad annymunol, mae angen rheolaeth pendant. Diolch am eich safiad.

Yn gywir,

Helga (Martin)

Cofion cynnes o Ysbyty Ifan

Treffynnon
Sir Fflint

Nos Wener

Annwyl Seimon Glyn,

Dim ond pwt o lythyr i'ch llongyfarch chi o waelod fy nghalon am eich
dewrder am ddweud y gwirionedd am y Saeson yn llifo i'n gwlad ni. Rwyf
yn siŵr bod degau o filoedd ohonom yn teimlo 'run fath. Mae Cymru ar
werth i'r Anglo yn y *Daily Post* ac mae'r ffordd i uffern (yr A55) yn dod â
Phen Llŷn mor agos i Lerpwl! Mae Sir Fflint yn *occupied territory* ers
talwm, yn wir mae'n dorcalonnus yma erbyn hyn. Mae'r system addysg yn
llechwraidd benodi Saeson yn benaethiaid ysgolion cynradd y fro a
Saeson ifanc fel athrawon.

Athro ysgol ydw i – 29 o blant yn y dosbarth, 20 ohonynt *newydd*
symud i fewn o ardaloedd pell yn Lloegr. Dwi'n cydymdeimlo efo chi ym
Mhen Llŷn – dyn ni wedi arfer ffordd hyn. Siaradais efo swyddog newydd
yr Urdd diwrnod o'r blaen; dim un plentyn Cymraeg yn Ysgol Ponterwyd
o bobman – torcalonnus.

Unwaith eto, Seimon Glyn, diolch yn fawr iawn am ddweud y gwir yn
gyhoeddus – mae pob Cymro da yn eich cefnogi i'r carn ac yn cytuno efo
pob gair. I'r gad!

Pob dymuniad da.

Brafô chi,

Ieuan ap Siôn

Waunfawr
Caernarfon

Annwyl Seimon a Rhian,

Dim ond gair bach i nodi'n cefnogaeth i chi a'n bod yn cytuno 100% fod angen rheoli faint o fewnfudwyr a ddaw i gefn gwlad Cymru. Wrth gwrs fod cynifer â sydd wedi dod dros y ddegawd diwethaf yn mynd i newid ein cymunedau lleol! Fel rhywun sy'n dod yn wreiddiol o Fotwnnog a rŵan yn byw yn Waunfawr, Caernarfon, rydw i'n gwybod yn iawn faint o ddirywiad sy 'na yn yr iaith Gymraeg yn ein cymunedau – 'swn i'n taeru fod yna lais Saesneg newydd yn cyrraedd tu allan i giât yr ysgol pan mae'r rhieini'n nôl ein plant oddeutu pob tua pythefnos, ac mae'n job cael sgwrs Gymraeg yno hefo rhiant Cymraeg erbyn hyn – mae hyn yn fy mhoeni yn ofnadwy.

Faswn i hefyd wrth fy modd yn symud nôl i Llŷn i fyw, ond mae'r prisiau tai yno'n warthus os nad ydw i eisiau hen fwthyn hefo miloedd o bunnoedd o waith adnewyddu arno! Mae'r Waunfawr yn ddigon del, ond dim hanner mor ddel â Phen Llŷn, ond os na newidith y sefyllfa bresennol, does gen i ddim gobaith o gartrefu nôl adra.

Daw cefnogaeth i chi hefyd gan fy rheini-yng-nghyfraith sy'n wynebu 'run broblem yng Ngheredigion.

Yn gywir,

Jen Rowlands a'r teulu

"Tan y Dderi"
Llandecwyn
Gwynedd

Annwyl Seimon. Gaiff ich llongyfarch
ar eich safiad dros ein Gwlad.
Mae'n bryd i'r anghenfil mawr
yma gael ei wyntyllu.
Wrth gwrs nid
ywi'n ddim syndod gweld gwaith
aelodau Plaid Cymru (ac eithrio
Dafydd Wigley) Cofion a diolch
Anwen M. Beeze Jones.

Trefor
Caernarfon

21.1.01

Annwyl Seimon Glyn,

Diolch i chi am sefyll mor gadarn ac am gyhoeddi yr hyn mae llawer iawn o Gymry yn ei deimlo. Ydyn, maen nhw wedi symud i mewn i Drefor hefyd. Mi wnaethoch ein helpu ni i gael gwared ag un, yn do – dyn y cychod – ac mi gawson ddangos sut gymeriad oedd o.

Am Glenys – Islwyn ydy ei briw hi! Pawb a'i fys…

Cofion a phob dymuniad da,

Margaret Williams

St. Meugan
Rhuthun

Chwef 23 2001

Annwyl Seimon,

Llythyr arall at dy gasgliad! Dwi ddim am fynd i mewn i'r ddadl, dim ond
dweud ein bod yn cytuno efo chdi bob gair. Doedd dim angen
ymddiheuriad am ddweud y gwir. Rwyt wedi codi nyth cacwn amserol
dros ben, a gobeithio y gwnaiff y rhai sydd â daliadau mwy confensiynol
(neu breifat?) godi'r abwyd a gwneud rhywbeth ynglŷn â'r broblem o'r
diwedd.

Diolch i ti hefyd am fater arall. Dwi'n deall mai chdi oedd y cyntaf, a'r
unig un ar un adeg, wnaeth ddangos cefnogaeth i bobl Trefor yn erbyn y
cynlluniau i adeiladu marina yn Nhrefor. Trueni fod y rhelyw o bobl y
Blaid yn cynhyrfu gymaint wrth glywed am yr esgus lleiaf am 'greu gwaith'
ac yn diystyru popeth arall, yn enwedig teimladau y trigolion lleol.

Fyddai'r marina bondigrybwyll ddim wedi gwneud lles i neb – ond i
bwrs un neu ddau.

Pob hwyl, a dalia 'mlaen i greu hafoc!

Brenda Jones (Williams gynt, o Drefor)

19 Ionawr 2001

Llongyfarchiada ar seffyll das
y Gyng! Mae'n dda gweld
dyn y codi ei lais.
"Don't let the bastards
get you down!" ys dywed
y Sais.

KEN ELIAS.

Going Home : Pictures. 1997.
Acrylic on Paper.
58 x 88 cm

Siôn ? pSSun

(Aberystwyth)

CYNGH. SIMON GLYN
COED ANNA
NANHORON
PWLLHELI
GWYNEDD LL53 8TG

Abacus (Colour Printers) Ltd., Cumbria. (01229) 885361

Castell Nedd

22 Ionawr 2001

Annwyl Gynghorydd Glyn,

Llongyfarchiadau i chi ar eich safiad dros yr iaith a'r ffordd Gymreig o fyw. Yr ydym yn cytuno gant y cant gyda chi. Mae'r dirywiad yn yr iaith a'r safonau moesol yn ein pentrefi genedigol, Cwmtwrch a Chwmllynfell yn Cwmtawe Uchaf, yn ein tristáu ni yn fawr iawn.

Y mewnlifiad o Loegr a'r diweithdra sydd wedi achosi nifer o broblemau yn ein hen bentrefi.

Cariwch ymlaen â'r gwaith da.

Yr eiddoch yn gywir,

Raymond a Jean Evans

Treganna
Caerdydd

21.1.01

Annwyl Seimon Glyn,

Diolch o galon am eich safiad pwysig. Hoffem fynegi cefnogaeth lwyr.
    Buom mewn cythryfwl tair blynedd yn ôl gyda'r wasg Seisnig yng Nghymru, ar ôl dewis gwerthu ein tŷ yng Ngwynedd i bobl leol yn unig.
    Wele ein cyfeiriad a rhif ffôn – os allem gefnogi ymhellach mewn unrhyw ffordd.
    Cofion.

Yn ddiffuant,

Judith Humphreys a Jerry Hunter

Llandaf
Caerdydd

20.2.01

Dear Mr Glyn,

May I thank you from the bottom of my heart for saying what so needed to be said, but which few have the courage to put into words. We live in a world where 'political correctness' is being taken to ridiculous limits, and where political leaders fall over backwards to avoid alienating that formless creature, the shadow voter.

If our grandparents and great grandparents had been prepared to shout out about the damage being done to our language, then many of the inroads made into it in the past century might not have come about. Cymdeithas yr Iaith have helped to redress the balance, but we need the force of the law on our side. A start has been made with the introduction of compulsory Welsh in our secondary schools, but without some sort of control on unsympathetic immigration, then the Welsh speaking heartlands will be lost.

I watched the trailer to tonight's BBC Wales programme in the company of a former Labour Party County Councillor whose view of Mr Touhig's comments was unprintable. I hold Mr T. in total contempt and view Mrs Kinnock in a similar light – out for pure party-political gain! The British Imperialist might shed tears over the loss of the language and culture of yet another Amazonian Indian tribe, yet they puzzle that we voice such strong feeling over our own political loss. As for the housing issue, people living in the Lake District, Devon and Cornwall have very strong feelings about immigration, yet are never called racist.

Keep up the fight – ignore the critics.

Best wishes,

David J. Evans

Yr Wyddgrug
Sir y Fflint

21-02-01

Annwyl Seimon Glyn,

Pwt atoch i ddatgan cefnogaeth i'r safiad rydych yn ei gymryd ynglŷn â'n cymunedau gwledig a'u dirywiad brawychus, sydyn. Yn fy hen ardal yn 'Stiniog (Cwm Cynfal) lle bu teulu Cymraeg ymhob fferm, mae at eu hanner bellach yn wag, yn dai haf drudfawr neu'n gartrefi i estroniaid nad ydynt yn trio cymryd rhan o gwbl ym mywyd y gymdeithas. Un enghraifft yn unig yw hyn o ledaeniad cyffredinol y mewnlifiad a'r 'allforiad'. Mae pentref Llan Ffestiniog yn prysur Seisnigo hefyd, ysywaeth, fel y deallaf. Gresyn fod y cyfryngau a'r gwrthbleidiau wedi gwneud môr a mynydd o'ch sylwadau a gobeithio creu rhwyg yn rhengoedd Plaid Cymru a'i difrïo at yr etholiad. Gobeithiaf na ddigwydd hynny.

Mae angen gwyntyllu a thrafod deallus ac adeiladol ar yr holl bwnc hwn ar frys, a llunio polisi pendant, neu fe fydd yn rhy hwyr, yn bydd? Mae polisi llym yn bodoli ar rai o Ynysoedd y Sianel – ond am resymau cwbl wahanol (ariannol a chymdeithasol yn bennaf).

Daliwch ati i ddal eich tir – a phob llwyddiant a bendith – tros Gymru a'r Gymraeg.

Gwenllian Thomas

Treganna
Caerdydd

Chwefror 21ain, 2001

Annwyl Seimon Glyn,

Ysgrifennaf atoch i'ch llongyfarch ar eich safiad diweddar.

Mae'r busnes mewnfudo yma yn ddifyr i mi am sawl rheswm, ond yn bennaf oll oherwydd fy mod i'n blentyn y mewnlifiad fy hun. Dach chi'n hollol iawn i fynnu bod pobol ddŵad yn dysgu Cymraeg, ac mi wn i o brofiad bod hynny yn hollol bosib dim ond i rywun ymdrechu.

Fel y teulu bach a oedd ar *Week In Week Out* neithiwr, mae fy mam innau yn Brummie, a fy nhad yn dod o Buxton. Pan symudon ni i Feirionnydd flynyddoedd yn ôl pan o'n i'n ddwy oed, roedd Mam a Dad yn awyddus i ddod yn rhan o'r gymuned Gymraeg, ac fe ges i'n anfon i'r Cylch Meithrin lleol. Roedd Dad wedi treulio deng mlynedd yng Nghymru pan yn blentyn, ac fe aeth o ati i ail-ddysgu'r Gymraeg, tra aeth Mam i ddosbarthiadau nos gan nad oedd hi'n siarad nac yn deall yr un gair.

Dros y blynyddoedd – a gyda help y Cymry lleol – fe ddaethon ni'n tri yn rhugl yn y Gymraeg, a phan symudon ni i Waunfawr ger Caernarfon fe benderfynon ni nad oedd pwrpas inni siarad Saesneg efo'n gilydd mwyach, a dros nos fe newidion ni iaith ein haelwyd i'r Gymraeg. Roedd o'n brofiad anodd, ond yn un gwerth chweil.

Byth ers hynny mae Mam a Dad a fi wedi byw a gweithio drwy gyfrwng y Gymraeg, ac mi fydda'i yn fythol ddiolchgar i'm rhieni am fynnu 'mod i'n ymdoddi i fywyd naturiol fy nghymuned.

Dydi gofyn i fewnfudwyr ddysgu'r Gymraeg ddim yn big dîl, ac mae gwneud hynny wedi ychwanegu cymaint at ansawdd bywyd fy nheulu i.

Daliwch ati!

Yn gywir iawn,

Beca Brown

Llandyrnog
Dinbych

25ain Ionawr

Annwyl Syr,

Er na fu inni gyfarfod, hoffwn gynnig gair o gefnogaeth i chwi yn dilyn yr hyn sydd yn digwydd yn y cyfryngau yn ddiweddar. Yr wyf, ynghyd â llawer o'm cyfoedion, o'r un farn yn union, ac yn wylo wrth weld ein hunaniaeth fel cenedl yn cael ei herydu gan don ar ôl ton o estronwyr a'u hestron ffyrdd.

Ein dyletswydd ni, fel rhieni i Gymry, yw sicrhau y bydd gan ein plant y cyfle i fyw, siarad, anadlu a blasu diwylliant Cymreig – os mai dyna eu dymuniad – yn eu broydd genedigol. Fe sicrhaodd fy rhieni bod hynny'n bosibl i mi, trwy frwydro am addysg Gymraeg, ac mi dria innau fy ngorau i wneud yr un fath.

Mae llawer yn dweud bod ein hagwedd yn elitaidd ac ei fod yn amddifadu ysgolion pentrefol o Gymry naturiol. Ond y gwir plaen yw oni bai am ysgolion Cymraeg byddai'r iaith Gymraeg ar wastadedd Dyffryn Clwyd wedi mynd ers talwm, yn bennaf gan ein bod mor agos at y ffin â Lloegr, a bod Saeson yn rhoi rhyw naid o Benbedw a Chilgwri i ysblander y Dyffryn hamddenol hwn i fyw, gan ddal i weithio yn Lloegr.

Dymuniadau gorau i'r dyfodol – daliwch eich pen yn uchel, Gymro da. Gobeithio bod y geiriau o gysur.

Yr eiddoch yn gywir,

R. Bryn Davies

Blaenau Ffestiniog
Gwynedd

21/2/01

Annwyl Seimon,

Rwy'n fachgen 16 mlwydd oed o Flaenau Ffestiniog, ac rwy eisiau dweud
fy mod yn falch o'r hyn y gwnaethoch ei ddweud am y mewnlifiad o
ddieithriaid i gymunedau gwledig Cymru yn ddiweddar.

Dwi wedi byw ym Mlaenau Ffestiniog trwy gydol fy mywyd ac wedi
byw pob un o'r dyddiau hynny yn siarad Cymraeg. Cefais fy addysg i gyd
trwy gyfrwng y Gymraeg ac mae fy acen Saesneg yn ddrwg! Dwi wedi dod i
ddeall rŵan fod hyn ddim yn wir mewn ardaloedd eraill.

Credaf fod pwy bynnag sydd wedi eich cyhuddo o fod yn berson hiliol
yn llwfr ac yn cuddio y tu ôl i eiriau felly yn lle siarad gyda chi wyneb yn
wyneb.

Hoffwn pe byddwn i yn berson fel chi pan yn hŷn.

Pob lwc yn y dyfodol,

Meuryn Williams

Abertawe

21/2/2001

Annwyl Simon Glyn,

Bob hyn a hyn daw rhywun i sefyll yn y bwlch. Diolch yn fawr i chi am fod yn barod i wneud hynny a lleisio pryder cymaint o bobl Cymru. Mae eich geiriau'n gyfamserol ac yn ddoeth ac wedi deffro cydwybod llawer. Daw cyfnod pan gewch iawn gydnabyddiaeth am eich arweiniad. Mae Cymru yn wir yn eich dyled.

Llawer iawn o ddiolch,

Gari Lewis

Aberdaron
Gwynedd

24 Ionawr 2001

Annwyl Syr,

Issue of housing within the Llŷn Peninsula

In light of the response that has been given to your opinions regarding the above matter I would very much like to bring to your attention my views and concerns.

Firstly I was pleased to read and hear your opinions, indeed, having come to the Llŷn peninsula firstly through meeting my partner and subsequently a change of career, I had begun to wonder whether the transition that some parts of the area are currently undergoing was simply accepted as the way forward even if ultimately this means the end of the culture and way of life for some parts of Llŷn.

Change is a continuous process – in this day and age nothing is static – that is now the normal. Having come to the Llŷn peninsula my historical knowledge is limited but it appears that the beginning of the current transition began in the 1950's and has continued ever since. The problem now facing Llŷn is that too many houses have become holiday homes or retirement properties – and no new housing has been built to accommodate this. Communities now have villages where possibly a half of all homes are holiday and retirement and this I feel is a massive problem and on a proportion that is set to increase.

It is difficult to envisage an area purely set up for recreation and holiday time but if one was to try and identify such then the Llŷn is increasingly set to become so. By today properties that are holiday homes are being sub-let to other families for their holiday. A holiday house provides not only a holiday for the owner but also for many other families, providing financial benefit to the holiday home owner at the expense of your hotel B+B/camp site and hence depriving the local economy of income. This trend requires assessment as to the type of rates that a holiday home will incur.

It is definately a no-win situation – as properties become vacant they are bought by those fortunate to afford the price. At the moment incomers are the majority. Tourism is no longer as prosperous and the agriculture industry is very bleak at present. All Llŷn residents dependent on the above industries face an uncertain future. It is difficult to meet ordinary costs let alone venture into a high price market – one that is increasing in price as the more prosperous venture to buy in Llŷn.

So the locals are forced out and a new population move in. Abersoch, even with the additional housing that has been built in recent decades, is predominantly anglicised. If one were to argue that more houses should be built to cater for local needs in other areas of the Llŷn it would only be a matter of time before these were bought by incomers. Indeed without legislation many would be bought instantly and the trend would exasperate. The only hope being that saturation point would be reached and eventually prices drop or stabilise allowing those less affluent a chance to buy. I would not like to comment as to a saturation point. I feel that one would not see much more than housing estates on the Llŷn.

The Llŷn is delicate, finely balanced at the moment in terms of economy. I do feel were agriculture to collapse then that would signal the end of the Llŷn, and many of the population would be forced to move elsewhere to work. The community would be a mixture of those fortunate to have employment, the retired and holiday maker. Many village businesses would be forced to close and others open only for the tourist season.

A neighbour of Llŷn is the Isle of Anglesey – Ynys Môn – equally scenic. Massive transient changes have occurred on the island. If one looks at the Benllech area and surrounding villages on Anglesey, many have undergone a massive in-migration of retired and holiday home people. Villages have multiplied in size and in the case of Benllech have become a sprawl with unchecked and uncontrolled migration.

So if Llŷn were to follow Anglesey without any real industry to keep the current workforce and no legislation, we shall see a migration of people out and a movement of retired and holiday people in – a near extinct younger generation.

Myself and my partner are in the process of purchasing a property in Rhoshirwaun. I cannot emphasise enough how much of a struggle this has been. Our preferred location is Aberdaron, however the market price of property throughout Llŷn is inflated, and Aberdaron to such an extent that it is impossible even with two professional incomes plus savings to secure a property in a reasonable condition. Indeed we have been extremely fortunate to be in a position to secure the property in Rhoshirwaun. However this has not been achieved and will not be sustained without considerable budgeting and sacifice regarding expenditure.

Properties in average condition command a high price in Llŷn. We were beginning to wonder if we would be able to afford to live in Llŷn or whether we would be forced to buy on the fringe of the area or in the town of Pwllheli – as many other locals find themselves doing.

Therefore I thank you for voicing your concerns – if no regard is taken then your fears may materialise in the next half century. The subsequent comments I have read in the *Daily Post* have been extremely interesting. Legislation will have to be introduced – there is no doubt about that.

Ysgrifennaf trwy'r iaith Saesneg oherwydd fy mod wedi dysgu Cymraeg ac yn dal i wella. Byddaf yn cyfeirio llythyr tebyg i Mr Dafydd Wigley a Mr Ieuan Wyn Jones. Deallaf nad oedd gan Mr Wyn Jones lawer o groeso i eich sylwadau. Mae hyn yn creu rhywfaint o syndod gyda fi yn enwedig pan mae Sir Fôn wedi wynebu y math yma o ddigwyddiad yn ystod ei hanes. Buaswn yn disgwyl i Mr Wyn Jones gael llawer o farn ynglŷn â'r mater.

Yn gywir,

Philip Pritchard

Caernarfon
Gwynedd

Chwefror 22ain 2001

Annwyl Mr Glyn

Dim ond llythyr byr iawn ydy hwn i ddatgan fy nghefnogaeth i chi am eich sylwadau 'chydig wythnosau yn ôl. Dwi'n teimlo fod gwleidyddion y gwrth-bleidiau wedi ei dynnu allan o bob cyd-destun, ac maent nawr yn ei ddefnyddio fel 'sbin' gwleidyddol. Ga'i erfyn arnoch i sticio at eich greddf a pheidio digalonni, achos dwi'n gwybod fod yna lawer o bobl, yn ifanc ac yn hen, sydd yn falch iawn eich bod wedi mynegi'r pryder sydd ar feddyliau lot o bobl yng Nghymru ers blynyddoedd, jest fod yna neb wedi bod yn ddigon dewr i daclo'r mater.

Dwi'n gwir gredu y dylai Plaid Cymru fod wedi rhoi gwell cefnogaeth i chwi ar y mater yma. Dymunaf bob llwyddiant i chwi yn y dyfodol.

Yr eiddoch yn gywir,

Elen Huws

Subj: Cefnogaeth o'r Wladfa!
Date: 23/02/01 16:58:07 GMT Standard Time
From: nans-rowlands2000@yahoo.com (nans rowlands)
To: enlli@aol.com
CC: enlli@aol.com

Rydw i'n un o'r athrawon Cymraeg sy'n dysgu yn Y Wladfa ar hyn o bryd.
    Cefais hanes y ffrae sy'n mynd ymlaen ynglŷn â sefyllfa mewnfudwyr a.y.y.b. Dydw i ddim wedi gallu darllen popeth sy'n y wasg, wrth gwrs, ond rydw i'n cael darlun o'r sefyllfa. Gobeithio y bydd un llais o ben arall y byd yn gymorth i chi fynd ymlaen, ar waethaf popeth.

Pob dymuniad da,

Nans Rowlands

Llanuwchllyn

02/02/01

Annwyl Gynghorydd Glyn,

Ysgrifennaf atoch i estyn ein cefnogaeth ddiffuant i'ch pryderon ynghylch y mewnlifiad o bobl ddi-Gymraeg i ardaloedd gwledig Gwynedd. Bûm yn dyst fy hun yn ddiweddar i'r hyn y credaf yr ydych yn pryderu amdano. Byddaf yn aml, yn rhinwedd fy swydd, yn ymweld â nifer o ardaloedd gwledig Gwynedd, a thra'n gofyn am gyfarwyddiadau yn Swyddfa'r Post ym Mwlchtocyn yr wythnos diwethaf, cefais fy arswydo wrth glywed fod y postfeistr di-Gymraeg wedi bod yno ers oddeutu pymtheng mlynedd. Fe darodd hyn nodyn trist iawn tu mewn i mi, gan ei fod yn enghraifft berffaith, mae'n siŵr, o'r sefyllfa ddigalon sydd ohoni – ac ei bod hi ddim yn beth anghyffredin erbyn hyn. Dwi'n ei chael yn anodd credu sut y gall unrhyw berson Cymraeg sydd yn dyst i bethau fel hyn ddod i unrhyw gasgliad arall ond i'r hyn yr ydych wedi bod yn ei ategu.

Yn wir mae ein hardal ni, sef Llanuwchllyn, wedi gweld mewnfudiad sylweddol o bobl ddi-Gymraeg yn y deng mlynedd diwethaf, ardal sydd wedi bod yn Gymreigaidd iawn yn draddodiadol. Ar hyn o bryd, fodd bynnag, trwy ryw ddiolch, dydi'r niferoedd ddim yn cymharu â'r eithriadau ym Mhen Llŷn – ond am ba hyd?

Mae'n hanfodol bwysig fod Cyngor Gwynedd yn gwerthfawrogi difrifoldeb y broblem, ac yn gweithredu nawr i ddatblygu polisïau i atal y dirywiad yma fel mater o frys – tra bod yna ryw gymaint o Gymreictod yn perthyn i'n cymunedau gwledig.

Diolch yn fawr am eich parodrwydd i roi llais i bryderon nifer o drigolion Gwynedd.

Yn gywir,

Rhys Roberts
ar ran Trigolion Ardal Llanuwchllyn

Llanberis
Gwynedd

30 Ionawr 2001

Annwyl Simon,

Yn dilyn y cyhoeddusrwydd annheg ac unochrog a ymddangosodd yn y wasg yn ddiweddar, anfonwn atat i ddatgan ein cefnogaeth llwyr i dy safiad dewr ac amserol. Gresynwn fod ymateb rhai o'n arweinyddion a chynghorwyr wedi bod mor wag a di-asgwrn-cefn.

Pob lwc i'r dyfodol.

Cofion o'r mwyaf,

Ken a Marian Jones

Subj: mewnlifiad etc
Date: 29/01/01 23:34:41 GMT Standard Time
From: gdafydd@talk21.com
To: enlli@aol.com

Helo Seimon a phawb,

Dim ond nodyn byr i'th longyfarch ac i ategu yr hyn a ddywedais neithiwr
ei bod hi'n hen bryd i rywun dynnu sylw unwaith eto at yr hyn sydd yn
digwydd yn ein cymunedau ni cyn ei bod hi'n rhy hwyr.

Tydw i ddim wedi cael cyfle eto i ddal i fyny hefo be sydd wedi cael ei
ddweud. Er dy fod ti wedi bod yn gocyn hitio i Millbank mae hynny wedi
golygu bod llawer mwy o sylw wedi bod i'r pwnc na fuasai wedi bod fel
arall. Mi greda i hefyd mai mwya milain eu hymosodiad nhw, mwya'n byd
bydd teimladau y Cymry yn cael eu cynhyrfu, ac y bydd gwir gyflwr
ieithyddol a diwylliannol ein cymunedau yn dod yn bwnc gwleidyddol
pwysig eto, fel yr oedd yn yr 80au yn dilyn yr ymgyrch losgi. Ond efallai y
tro yma, gydag absenoldeb gweithredu mor eithafol, y gall pethau
ddatbygu i gael trafodaeth fwy cynhwysfawr a chyrraedd rhyw fath o
gonsensws. Gallai hyn arwain at bolisïau all wneud gwahaniaeth, fel y rhai
yr wyt ti wedi bod yn eu hawgrymu.

Wedi dweud hynny, mi fydd hi'n anodd cael trafodaeth gynhwysfawr
yn y tymor byr oherwydd y lecsiwn, ond mae'n bwysig cadw fflam yr
ymgyrch i fynd, neu mi fydd pawb wedi anghofio unwaith eto.

Diolch eto am dy safiad. Gad i mi wybod os alla i wneud rhywbeth.

Cofia fi at Rhian a'r plant.

Cofion Gorau,

Beth

Pwllheli
Gwynedd

30 Ionawr

Annwyl Gyfaill,

Wedi bwriadu ysgrifennu atoch ers dyddiau, o'r diwedd dyma fi'n anfon gair byr i'ch llongyfarch ar eich datganiad diweddar ynglŷn â'r sefyllfa druenus yng Ngwynedd, ac ym Mhen Llŷn yn neilltuol, a'r mewnlifiad sy'n peryglu "yr hen ffordd Gymreig o fyw". Mae'n dda gweld fod rhywun o'r diwedd yn barod i ddatgan ar goedd yr hyn sydd yn achos pryder garw i lawer iawn o Gymry.

Does dim ond eisiau edrych ar y siopau yn y dref hon i sylweddoli cynifer sydd yn nwylo estroniaid erbyn hyn, ac mai'r iaith fain a glywir ar bob llaw ar y strydoedd. Ond, wrth gwrs, does dim angen i mi sôn am hyn wrthoch chi o bawb. Gwaetha'r modd, mae gormod o bobl nad ydyn nhw ddim am weld na chydnabod bod yma broblem fawr yn ein hwynebu, a bod ein hiaith mewn peryg dybryd.

Diolch i chi am eich safiad a phob dymuniad da yn y frwydr dros Gymru.

Yn gywir iawn,

Wyn G. Roberts

Date: 09/03/01 16:26:57 GMT Standard Time
From: troedyrhiw@hotmail.com (Melinda Williams)
To: enlli@aol.com

Rydw i wedi meddwl ysgrifennu ychydig o eiriau atoch ers tro i ddweud fy
mod yn cytuno gyda'r hyn a wedoch rai wythnosau yn ôl ynglŷn â'r
mewnlifiad i Gymru. Rydw i'n byw yn Ystrad Aeron, ger Llanbedr Pont
Steffan yng Ngheredigion, ac yn gweld hyn yn digwydd mwyfwy o amgylch
ein hardal ni.

Rydw i wedi bod yn aelod ac wedi cefnogi Plaid Cymru ers tua 30 o
flynyddoedd bellach ac wedi gweithio'n galed yn yr ardal er mwyn ei
llwyddiant; ac o'r diwedd mae hyn wedi dwyn ffrwyth. Ond bellach mae
'na nifer o bethau yn cael eu dweud a'u gwneud sy'n troi'r Blaid i mewn i
rhyw blaid "middle of the road" – a theimlaf ei bod yn gyffredinol wedi
colli'r tân oedd ynddi rai blynyddoedd yn ôl. Rydw i'n cwestiynu erbyn
hyn i ble mae Plaid Cymru yn anelu, a synnaf na fu'n fwy cefnogol i'r hyn
a ddywedoch.

Mae dylanwad y Saeson yn gryf yn yr ardal 'ma hefyd. Mae fy mhlentyn
ieuengaf 6 oed yn yr ysgol leol ac mae'n frwydr adre drwy'r amser i'w gael
e i gyfathrebu yn Gymraeg. Mae tueddiad i siarad Saesneg pan fydd yn
chwarae. Ar hyn o bryd rydym fel Cymry yn dod i ben i gynnal
cyfarfodydd yr ysgol yn Gymraeg, gan mai Cymry sy'n mynychu'r
cyfarfodydd a gweithio dros yr ysgol – pe buasem yn dibynnu ar y Saeson
ni fyddai dim yn digwydd.

Gobeithio fy mod i ddim wedi amharu gormod ar eich amser, ond
roeddwn yn dymuno datgan fy nghefnogaeth ac falle y synnech y nifer o
bobl sy'n cytuno hefyd.

Pob llwyddiant i chi yn y dyfodol.

Melinda Williams

Aberdâr

7 Mawrth, 2001

Annwyl Gynghorydd Simon Glyn,

Byddwn yn gofyn i chi esgusodi fi am fod ychydig yn hwyr wrth leisio cefnogaeth i'ch ymgais i gael cyfiawnder yng Ngwynedd ynglŷn â'r bygythiad i ddiwylliant ac iaith. Heb bobl fel chi, gyda digon o asgwrn cefn a syniadau clir ynglŷn â'r bygythiad enfawr sy'n ein wynebu, fydd dim gobaith am y dyfodol yng Nghymru.

Y ffaith yw bod y fath gwarchod rhag mewnlifiad anrhesymol sy' mewn grym yn Ardal y Llynnoedd, ond nid gennym yng Nghymru, yn achos o anghyfiawnder annerbyniol. Heb y fath amddiffyniad ni fydd gobaith diogelu'r diwylliant hynafol hwn sy' mor annwyl ac hanfodol i gymaint ohonom.

Mae'n warthus bod y fath gyhuddiad o fod yn hiliol yn cael ei lansio atoch. Mor hawdd yw defnyddio'r fath air heb ystyriaeth o'r angen o drafodaeth manwl a sensitif am y sefyllfa sy'n bodoli.

Mae'r diffyg cefnogaeth rydych chi wedi ei gael o'ch plaid yn siom mawr i mi a'm gwraig. Mae'r Blaid yn raddol yn colli fy nghefnogaeth – ceisio bod yn bopeth i bawb yw gwendid yr arweinyddiaeth. Dylen nhw feddwl am eu cyfrifoldeb i'r rheina sy wedi glynu atynt yn ffyddlon ac sy wedi gweithio drostynt fel gwnes i ac eraill oherwydd byddem yn credu bod egwyddorion gan y Blaid. Os ydy'r Blaid i ffynnu mae eisiau apêl i'r ieuenctid wedi ei seilio ar egwyddorion llawn cymaint â hynny sy'n ymddangos yn boliticaidd gyfleus. Mae'r bobl sy wedi arwain y Blaid wedi gwingo digon yn eu hymdrechion i gael gwared o'r cyhuddiad o fod yn 'Genedlaetholwyr' (camgymeriad i'm tyb i). Onid yw'n hen bryd nawr i ddechrau lleisio egwyddorion ac amcanion clir?

Mae'n amlwg bod eisiau arweinyddiaeth cryfach ar y Blaid.

Dymuniadau gorau,

Eric Evans ac Elizabeth Evans

Braichmelyn
Bethesda

Dydd Sadwrn

Annwyl Simon,

Gair bach i'ch llongyfarch chi ar eich dewrder – mae arna i ofn fod llawer wedi mynd yn rhy ofnus ym Mhlaid Cymru i ddweud eu meddwl.

Dwi'n synnu at Elin Jones yn ymddiheuro ar eich rhan – roedd hynny yn anfaddeuol – a mi fydda i'n dweud wrthi hefyd!

Cofion gorau,

Beryl Orwig

Y Felinheli
Gwynedd

23.1.01

Annwyl Seimon Glyn,

Rwyf wedi'ch cyfarfod pan oeddwn yn gweithio yng Nghyngor Gwynedd a hoffwn i chwi wybod fy mod yn eich cefnogi gant y cant yn eich datganiad o ddirywiad cyflwr yr iaith Gymraeg oherwydd mewnfudwyr. Does dim rhaid i chi ond cerdded stryd Y Felinheli a chau'ch llygaid ac fe daerech eich bod ar stryd yn Lerpwl! Mae hyd yn oed iaith y plant ymysg ei gilydd yn anfon iasau i lawr fy nghefn.

Er enghraifft, mae bwthyn bach hynafol iawn dros y ffordd i mi – bwthyn y buasai pâr ifanc yn gallu fforddio ei brynu – ond tŷ haf ydi o bellach wedi ei werthu i Sais. Mae hwnnw erbyn hyn yn awyddus i chwalu'r hen fwthyn bach ac adeiladu honglad o dŷ briciau coch modern, hyll yn ei le. Rwyf wedi ymgyrchu'n frwd yn erbyn hyn a meddyliais gyda Phlaid Cymru yn arwain na fyddai'r perchennog yn cael caniatâd i wneud hyn – ond siom mawr i mi oedd deall fod yr Adran Gynllunio wedi rhoi eu bendith i ddymchwel y bwthyn. Cymaint oedd y gwrthwynebiad, anfonwyd deiseb o enwau pobl yr ardal yn gwrthwynebu, wrth gwrs, ac fe orfodwyd y perchennog i wneud cais i'r Swyddfa Gymreig. Mae'n parhau i gael caniatâd i wneud y gwaith ond gydag amodau ychwanegol cyn dechrau adeiladu.

Yn y ddwy flynedd ddiwethaf mae caniatâd adeiladu wedi ei roi i Saeson i godi neu addasu 6 o dai o fewn ychydig lathenni i'm cartref i – a bellach mae iaith y stryd yn fwyfwy Saesneg. Peth dieithr iawn i mi yw clywed plant yn chwarae yn y cae tu cefn i'm tŷ yn Saesneg uniaith. Does gen i ddim gwrthwynebiad i Saeson, Ffrancwyr, Almaenwyr a.y.y.b. yn symud i'r ardal, dim ond iddyn nhw beidio â disgwyl i ni y Cymry newid ein hiaith, ar eu cyfer hwy. Rhaid gwneud rhyw fath o safiad iddynt ddysgu siarad Cymraeg os yn ymgartrefu yng Nghymru. *'When in Rome do as the*

Romans do'. Pam fod yn rhaid i ni – rhyw ugain o Gymry mewn cyfarfod – newid i Saesneg am fod un Sais yn ein plith. Onid y fo ddylai ddysgu ein hiaith ni, yn ein gwlad ni, ac, yn bwysicach byth, parchu ein treftadaeth.

Daliwch ymlaen, mae cannoedd ar gannoedd yn eich cefnogi, coeliwch fi.

Yn gywir,

Joyce Roberts

Subj: Cefnogaeth
Date: 25/02/01 23:09:51 GMT Standard Time
From: niallew@32rhosfryn.freeserve.co.uk (Nia Llewelyn Puw)
To: enlli@aol.com

Annwyl Seimon Glyn,

Dim ond gair byr i fynegi cefnogaeth i chi am yr hyn yr ydych wedi ei
wneud yn ddiweddar. Mae'n hen bryd i'r gwleidyddion roddi sylw teilwng
i'r iaith a phrisiau tai yn ein cymunedau, a gwneud rhywbeth adeiladol ar
frys. Rwyf wedi bod yn e-bostio Rhys Llew (fy mrawd) sydd ym
Mhatagonia ac mae yntau yn eich cefnogi i'r carn.
    Da iawn chi Seimon.

Dalier ati,

Nia Llewelyn a Guto Puw (gynt o Nefyn) Penrhosgarnedd, Bangor

Blaenau Ffestiniog
Gwynedd

Annwyl Simon Glyn,

Mae'r ddau ohonom yn teimlo ar ein calonnau y dylem ysgrifennu atat i ddiolch iti am dy ddatganiad diweddar. Roedd angen ei ddweud ac angen iddo gael ei ddweud gan rywun oedd yn amlwg ym mywyd cyhoeddus Cymru. Mae'n bwnc trafod ar y stryd ac mewn tafarn ers blynyddoedd, roedd yn drist fod gwleidyddion a chynghorwyr yn ymatal rhag mynd i'r afael â'r broblem.

Mae'n debyg iti dderbyn cefnogaeth gan lawer o rai eraill ac awn ni ddim ati felly i ymhelaethu. Ddim ond dweud nad yw ymateb rhai aelodau o Blaid Cymru a rhai o gynghorwyr Gwynedd wedi gwneud dim ond ein dadrithio fwyfwy. Mae'n gywilydd iddynt.

Unwaith eto, diolch iti.

Cofion gore atoch fel teulu,

Dafydd ac Eleri James
(Mam a Thad Elin Angharad, Siop Lyfrau'r Hen Bost)

Nefyn
Gwynedd

Dear Mr Glyn,

I have observed your recent debate re Housing and am in complete agreement with you. I am probably one of very few that can actually speak from experience and can see the unavoidable community changes you speak of if your policies are not acted upon.

I was born and bred in Penmaenmawr, which is a little quarry village. Around the late 1960s and 70s the success of the quarry industry brought about an influx of English people. Up to this point in time I had been educated at a primary school called Pencae which had two streams, Welsh and Bilingual. Every one of those in the Welsh class spoke fluent Welsh in the class, playground and mostly at home. As the newcomers came in we were told off for speaking Welsh as it was rude to exclude the English children from our conversations. When I moved over to Aberconwy secondary school, those of us who were Welsh were taunted and called spiteful names until we were too ashamed to speak our own language. At home my family would speak to me in Welsh and were answered in English.

My daughter went to this same school sixteen years later and I was astonished to find that there was not a single fluently Welsh-speaking child there. All of the children who are placed in the Welsh stream have to be sent to a special Welsh language unit in Dolgarrog. From my attempts to converse with these children, they emerge from the centre with some degree of understanding but little confidence in speaking the language. There are some Welsh families still living there of course but virtually none speak Welsh to their children.

Mr Glyn, you may have made a few people feel uncomfortable, but you should make no apology for this as you speak for many of us who have no voice. I am deeply ashamed that I have been party to allowing the Welsh language to die in my little village, and will do anything I possibly can to support your plight in making sure this does not happen in Pen Llŷn.

I have deliberately written this letter in English so that it may be shown to your English opponents.

Yours faithfully,

Mrs S Parry

Minffordd
Gwynedd

25 Ionawr 2001

Annwyl Mr Glyn,

Digwyddais glywed ar y Newyddion yr wythnos diwethaf am eich ymdrechion i reoli'r mewnlifiad. Rwy'n anfon y nodyn hwn atoch i ddweud wrthych fy mod yn cefnogi eich safiad gant-y-cant.

Deuthum yn ôl i fyw i'r gogledd dair blynedd yn ôl ac mae'r Seisnigo sydd wedi digwydd yma yn fy nychryn. Mae mwy na hanner fy nghymdogion yn Saeson – rhai yma ers chwarter canrif a heb ddysgu gair o Gymraeg, yn wir wedi chwilio am ysgol annibynnol fel na fydd yn rhaid i'w plant gael eu llygru gan y Gymraeg. Mae teulu arall â phump o blant wedi tyfu, oll yn derbyn budd-dâl ac yn cael eu tai – am ddim. Gwn am fwy nag un teulu sydd wedi sefydlu yn y pentref yn ddiweddar sy'n chwilio am dai ar werth fel y gallant eu prynu i'w plant a'u teuluoedd er mwyn iddynt gael dod yma atynt o Loegr. Clywais fwy o Saesneg nag o Gymraeg ym Mhwllheli ddoe, a hynny ar ddiwrnod marchnad ganol gaeaf. Roeddwn yn siarad mwy o Gymraeg pan oeddwn yn gweithio yng Nghaerdydd.

Rwyf wedi cael fy siomi ar yr ochr orau â'r bywyd diwylliannol ymhlith y Cymry yn y fro ond mae eu difrawder yn fy synnu. Mae amryw yn croesawu'r Saeson oherwydd eu bod yn dod â busnes i'r ardal. Crybwyllais fy ngofid wrth ddau gynghorydd sir (Pleidwyr) ond roeddent ill dau fel petaent ofn trafod y mater. Mae'r Cymry yn meddwl bod eu hiaith yn ddiogel oherwydd bod eu cynrychiolwyr ar y Cynghorau, y Cynulliad a'r Senedd yn Bleidwyr.

Rwy'n falch bod yna un person sy'n barod i ddod â'r mater i'r amlwg ac ysgogi trafodaeth ac rwy'n dymuno pob llwyddiant i chi.

Yn gywir iawn,

Nan Griffiths

Llanuwchllyn
Y Bala
Gwynedd

11/02/01

Annwyl Simon Glyn,

Mae aelodau Cyngor Cymuned Llanuwchllyn yn awyddus i ddatgan eu cefnogaeth i'ch sylwadau diweddar ynglŷn â'r sefyllfa dai. Mae rhai gwleidyddion wedi llwyddo'n rhy hir i anwybyddu'r broblem ac mae'n hen bryd eu gorfodi i wynebu'r sefyllfa a thrafod y cwestiwn yn gall.

Yr eiddoch yn gywir,

Llew ap Gwent,
Clerc

Cwmystwyth
Aberystwyth
Ceredigion

Chwefror 23, 2001

Annwyl Seimon Glyn,

Gair i ddiolch ichi am fynd i'r afael â bygythiad y mewnlifiad sy'n mynd ymlaen ers ugain mlynedd a rhagor. Dros y cyfnod hwnnw y mae'r pleidiau gwleidyddol wedi ymgadw rhag gwneud hynny ac fe barhânt felly hyd nes bydd pwysau cyhoeddus digon grymus yn eu gorfodi i newid cyfeiriad.

Rwy'n siarad o brofiad. Mewn anerchiad llywyddol o lwyfan Eisteddfod Genedlaethol Abergwaun, 1986, codais yr un gri yn union ag a wnaethoch chi gan apelio ar y gwleidyddwyr i wneud rhywbeth ymarferol ynglŷn â'r mater. Cefais yr un ymateb â chwithau: cyhuddiadau o hiliaeth o du sawl Aelod Seneddol Llafur, yn ogystal â chan aelodau o'r cyhoedd, gwg Dafydd Elis Thomas, a datganiadau gan wleidyddwyr eraill o'r ymadrodd iachus – 'yr hyn sydd ei eisiau yw adnewyddiad economaidd yr ardaloedd Cymraeg'.

Y pryd hwnnw ni lwyddwyd i ennill cefnogaeth gyhoeddus ddigon nerthol. Y tro hwn, o leiaf, gorfodwyd Plaid Cymru i sefydlu gweithgor i ystyried y broblem. Dyna fesur o'ch llwyddiant chwi. Y gobaith bellach yw y bydd y gweithgor hwn yn arwain at gynnwys ym maniffesto etholiadol y Blaid argymhellion ymarferol a fydd yn datrys y broblem. A datganiad hefyd fod i'r broblem ddwy agwedd sylfaenol sef economaidd a ieithyddol. Bygythir ni fel pobl Gymraeg yn ogystal ag fel dinasyddion Prydeinig. Dim ond ein gwaseidd-dra a fynn guddio natur gyflawn y bygythiad.

A wneir hyn? Dyma groesffordd i Blaid Cymru. Os ceidw yn ffyddlon i egwyddorion ei sylfaenwyr a'i phrif arweinwyr dros y tri chwarter canrif diwethaf bydd yn dewis y ffordd anrhydeddus a thrwy hynny orfodi'r pleidiau eraill yng Nghymru i ddatgan eu polisïau nhw. Oni wna hynny bydd yn rhaid i nifer ohonom gefnu arni.

Am ei werth y mae cefnogaeth y teulu hwn i chi yn ddiamodol. Gwerthfawrogwn eich safiad.

Yn ddiffuant,

Merêd

Caernarfon
Gwynedd

23.2.01

Dear Cllr Glyn,

I am writing to you regarding your recent comments regarding English incomers moving into Welsh speaking areas and the damage that is being done to the Welsh language. I write this letter in full support of your comments, and if anything your comments are a toned down version of what many Welsh speakers already think regarding the Anglicisation of Welsh speaking communities.

I'm sure many Welsh speakers (most possibly?) have said in the past, and continue to say so today, more extreme comments regarding the damage the English are doing to the Welsh language than the comments you made recently. The comments you said were mild or soft compared with the type of conversations you'll hear on a Saturday night in some Gwynedd pubs by Welsh speakers regarding the English who come here to live.

I read recently in the *Daily Post* that in the 1991 census the Isle of Anglesey was 62% Welsh speaking, but that, in a recent poll carried out in the year 2000, only 54% of the inhabitants were Welsh speaking. In other words the Island had been Anglicised 8% in just nine years. That's almost 1% per year. If this sort of thing continues, it doesn't take a Rocket Scientist to work out what the future of the Welsh language will be on the Island of Anglesey. The same thing is happening in other parts of Gwynedd as well.

It's about time that someone was brave enough to say the truth, to call a spade a spade if you like. What you said was factually correct, and it needed saying (many would say it needed saying years ago!)

To call someone a Racist because he loves his country and language and doesn't want his language to become extinct is preposterous to say the least. If an Englishman in England loves all things English, he is called a patriot, but if a Welshman loves all things Welsh, he is called an Extremist, Nationalist or even a Racist, it doesn't make sense to me.

I live in Caernarfon, and it is a real joy to walk down the street hearing everyone speaking Welsh or to go around the pubs on Saturday night hearing a sea of Welshness, it is music to my ears, I don't want to see anything change. I don't want to walk down the same streets or visit the same pubs when I'm old and hear that the language being spoken is English. It would be like being in England wouldn't it!

You are quite correct to say that English is a foreign language in Wales, anyone who doesn't believe this should visit old graveyards (in any part of Wales) of people who died 100 or 150 years ago. I'm sure most gravestones (even in now Anglicised parts of Wales) were written in Welsh then, because that was the language of the deceased and his or her family. I think you have been treated abysmally by the press and some politicians, and it angers me when I read some letters about you in the *Daily Post* which are negative. Everyone who feels strongly about the future of the Welsh language will I'm sure be behind you.

I urge you to stand firm, and to stick by your guns over what you have said, as what you have said is factually correct and it needed saying!

It would seem that truth hurts some people.

Best Wishes

Llion Wyn Jones

P.S. Rwy'n ymddiheuro fy mod i wedi ysgrifennu yn Saesneg, ond rwy'n teimlo fy mod yn medru dweud be dwi eisiau ei ddweud yn well yn y Saesneg ac yn cael y neges drosodd yn well drwy'r Saesneg (efallai fy mod yn edrych fel fy mod yn 'contradictio' fy hun wrth ysgrifennu am fater Cymraeg drwy'r Saesneg ond nid wy'n teimlo y buaswn yn medru cael yr un neges drosodd gystal drwy ysgrifennu yn Gymraeg).

Subj : Cyfarchion o'r Wladfa
Date : 23/02/01 19 :25 :48 GMT Standard Time
From : rhysllew@yahoo.co.uk (Rhys Llywelyn)
To : enlli@aol.com

Annwyl Seimon Glyn,

Helo, s'mae pethau draw ym Mhen Llŷn? Mae'n boeth
ofnadwy yma yn Nhrelew!

Gair sydyn sy gen i i gefnogi'n llwyr yr hyn dach chi
wedi ei ddatgan am sefyllfa'r holl fewnfudwyr sy'n
symud i Ben Llŷn a rhannau eraill o Wynedd. Rydw i yn
eich edmygu chi fel cynghorydd – trueni na fyddai pob
cynghorydd arall yn sefyll i fyny dros y bobl leol.

Pob hwyl.

Cofion,

Rhys Llewelyn (Nefyn!)

Pontypridd
Mid Glamorgan

26/3/01

Dear Seimon Glyn,

Do not let the north of Wales belong to the English. Make sure that the holiday home owners regularly pay local tax for their unoccupied premises. Make sure that there are homes built for young Welsh couples to stay in their own land.

Keep plugging the Meithrin and Ysgolion Cynradd to ensure the present resident young English inhabitants will grow up with the language and a love of their home country – Wales.

You are a brave Welshman.

With best wishes from English-speaking grandparents of 8 Welsh-speaking grandchildren.

(Mrs) M.M. Evans

Sgeti
Abertawe

26.2.01

Annwyl Seimon Glyn,

Rwy'n ysgrifennu i'ch cefnogi yn eich safiad. Mawr obeithio y cawn
drafodaeth gall ynglŷn â diboblogi, mewnfudo, ystyriaethau ieithyddol
a.y.y.b. yn fuan iawn.

Hoffwn hefyd eich sicrhau nad oedd Ysgrifennydd Gorllewin
Abertawe P.C. yn siarad ar ran y Gangen yn ei ddatganiad i'r wasg yr
wythnos diwethaf. Gwnaeth hyn yn hollol ar ei liwt ei hunan.

Pob dymuniad da i chi a chofion gorau,

Mari Evans

23/1/01

Gobeithio yn Arw wnewch chi lwyddo yn eich Bwriad, Er mwyn sicarhau fydd yma Gâi;iaith A chymunidau Cymraeg Ar ol pawo dyfwn i fyny

Dyma lun o fi a roodwr gyda phob lwc a chefnogaeth. LLŷr Fôn 8oed Aran Fôn 9 oed

Cai Fôn 7 oed   Hedd Fôn 3 oed o
Glan rafon, Eglwys Bach, Conwy.